Minha vez no amor

CARO(A) LEITOR(A),

Queremos saber sua opinião sobre nossos livros.
Após a leitura, siga-nos no **linkedin.com/company/editora-gente**,
no TikTok **@editoragente** e no Instagram **@editoragente**
e visite-nos no site **www.editoragente.com.br**.
Cadastre-se e contribua com sugestões, críticas ou elogios.

BOA LEITURA!

Roberta Calderini

Minha vez no amor

Como transformar os seus relacionamentos começando pelo amor-próprio

Diretora
Rosely Boschini

Gerente Editorial Sênior
Rosângela de Araújo Pinheiro Barbosa

Editora Júnior
Carolina Forin

Assistente Editorial
Fernanda Costa

Produção Gráfica
Fabio Esteves

Preparação
Lucia Seixas

Capa
Caio Duarte Capri

Projeto Gráfico e Diagramação
Vivian Oliveira

Revisão
Fernanda Guerriero Antunes
Welida Muniz

Impressão
Gráfica Rettec

Copyright © 2024 by Roberta Calderini
Todos os direitos desta edição
são reservados à Editora Gente.
Rua Natingui, 379 – Vila Madalena
São Paulo, SP – CEP 05435-000
Telefone: (11) 3670-2500
Site: www.editoragente.com.br
E-mail: gente@editoragente.com.br

Dados Internacionais de Catalogação na Publicação (CIP)
Angélica Ilacqua CRB-8/7057

Calderini, Roberta
 Minha vez no amor : como transformar os seus relacionamentos começando pelo amor-próprio / Roberta Calderini. - São Paulo : Editora Gente, 2024.

 176 p.

 ISBN 978-65-5544-389-9

 1. Desenvolvimento pessoal 2. Autoestima 3. Autoconhecimento I. Título

21-4703   CDD 158.1

Índice para catálogo sistemático
1. Desenvolvimento pessoal

NOTA DA PUBLISHER

TODOS NÓS SABEMOS QUE SE RELACIONAR É DESAFIADOR. Quem nunca se viu de coração partido ou com expectativas frustradas após aquele relacionamento, que você jurava ser com a sua alma gêmea, chegar ao fim? Mas como anda o relacionamento com você mesmo? Já parou para pensar nisso?

É a partir dessa premissa que Roberta Calderini, terapeuta junguiana e fundadora da neuropsicogenealogia, vai mostrar que buscar a felicidade no outro pode ser uma grande cilada! É comum criarmos expectativas de que o relacionamento trará realizações e plenitude e carregarmos traumas para dentro de uma relação, mas nada disso é saudável. E, aqui, por meio da própria experiência e dos estudos que fez ao longo dos anos, a autora nos mostrará como podemos nos livrar desses hábitos.

Sabemos que buscar o equilíbrio entre a individualidade e a parceria nem sempre é fácil, e compreensão, paciência e empatia são elementos fundamentais para uma convivência leve e harmônica. Mas, para Roberta, nada disso é suficiente se não houver maturidade.

Por isso, em *Minha vez no amor*, a autora nos ensinará a curar as nossas dores e descobrir a nossa felicidade como ser individual para que possamos criar relações mais leves e saudáveis, sem colocar no outro a responsabilidade de resolver nossos problemas. Venha descobrir que "priorizar sua felicidade individual não é egoísmo, é amor-próprio" e que se amar só vai fazer bem para o seu relacionamento.

Vamos, juntos, reaprender a amar!

Rosely Boschini
CEO e publisher da Editora Gente

Ao meu filho,
que me ensinou o verdadeiro sentido do amor.

AGRADECIMENTOS

Este livro não seria possível sem a rica tapeçaria de histórias, lutas e triunfos dos meus ancestrais. A vocês, que vieram antes de mim, ofereço minha mais profunda gratidão e respeito. Cada capítulo deste livro é impregnado com as lições de amor, resiliência e força que vocês me ensinaram, mesmo sem saber.

Às gerações que enfrentaram tempos de turbulência e desestrutura, mas que mantiveram o amor como a força motriz de suas vidas, eu devo uma dívida imensurável. Vocês mostraram que, mesmo nas adversidades mais profundas, o amor pode ser um refúgio, um farol de esperança e renovação.

Seus sacrifícios e escolhas, suas dores e alegrias, são a fonte da minha inspiração diária. Na minha prática como psicogenealogista, suas histórias são lembranças constantes de que a jornada humana é tanto sobre encontrar amor quanto sobre superar desafios. Em cada consulta, em cada história que ajudo a desvendar, vejo reflexos de suas lutas e vitórias, e isso me motiva a seguir em frente com mais empatia e compreensão.

Por meio de vocês, aprendi que a desestrutura pode ser um terreno fértil para o crescimento. Que, mesmo nas tempestades mais violentas, o amor é uma âncora. E que, em cada desafio, há uma oportunidade para fortalecer os laços que nos conectam uns aos outros e às gerações passadas.

Este livro é mais do que uma expressão do meu conhecimento profissional; é um tributo à força inabalável do amor familiar que atravessou gerações. Vocês, meus ancestrais, não estão apenas nas páginas deste livro; vocês estão entrelaçados em seu próprio ser. Suas lições de vida não são apenas memórias; elas são a essência de minha prática e a luz que guia meu caminho.

Com este livro, honro cada um de vocês, não apenas como figuras do passado, mas como parte viva e respiratória do meu presente e futuro. *Minha vez no amor* é uma homenagem a todos vocês, e espero que, de alguma forma, ele reflita a profundidade e a beleza do legado que vocês me deixaram.

Este livro é mais do que uma expressão do meu conhecimento profissional; é um tributo à força inabalável do amor familiar que atravessou gerações.

@robertacalderini

SUMÁRIO

INTRODUÇÃO

PARTE 1
As muitas questões do casamento

CAPÍTULO 1
Os modos de amar

CAPÍTULO 2
Entendendo as nossas faltas

PARTE 2
Curar-se primeiro

CAPÍTULO 3
A felicidade individual

CAPÍTULO 4
A evolução interior a partir dos relacionamentos

PARTE 3

Os sete passos para a cura interior — 95

CAPÍTULO 5
Passo 1: praticar o distanciamento — 97

CAPÍTULO 6
Passo 2: acolher as suas dores — 107

CAPÍTULO 7
Passo 3: estar presente no momento — 127

CAPÍTULO 8
Passo 4: resgatar o equilíbrio entre dar e receber — 133

CAPÍTULO 9
Passo 5: cultivar a individualidade — 143

CAPÍTULO 10
Passo 6: ser autêntica — 149

CAPÍTULO 11
Passo 7: encontrar o seu propósito — 157

CONCLUSÃO — 169

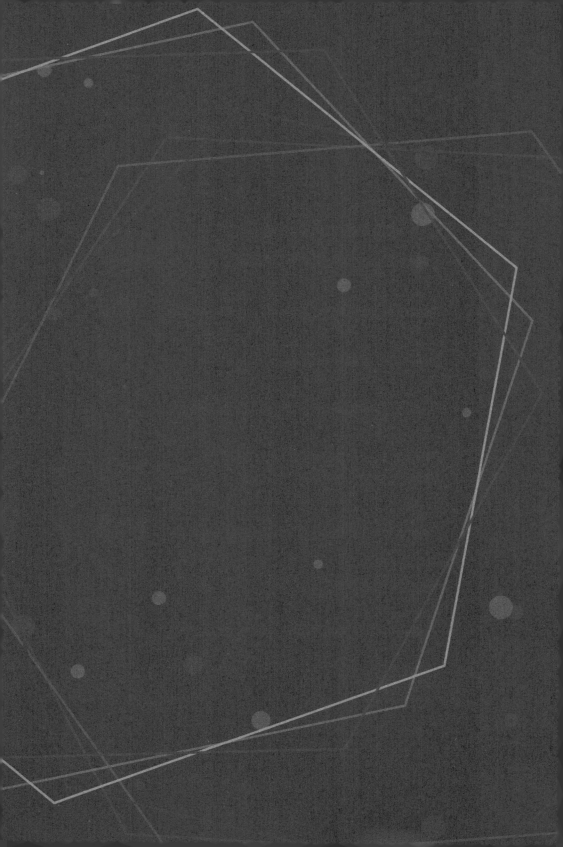

INTRODUÇÃO

Quem sofre com a dor de um relacionamento infeliz sabe que esse sentimento parece nunca ter fim. Ao lidar diariamente com conflitos na relação, somos tomados por uma tristeza profunda que nem sabemos ao certo de onde vem. Muitas vezes, pode até parecer difícil respirar. É um sinal de que a alma está sufocada.

Quando tive a ideia de escrever este livro, um dos meus principais propósitos era conscientizar as pessoas do quanto elas estão acostumadas e condicionadas a amar de uma maneira imatura. E o que é mais preocupante: o quanto esse tipo de amor acaba por afetar diversas outras áreas da vida.

Amores infantis e imaturos provocam o adoecimento da mente e da alma, e é preciso que comecemos a ter consciência disso para que possamos mudar e evoluir espiritualmente. Afinal, atraímos aquilo que emanamos, e quanto mais estivermos vivendo em um campo vibracional negativo, mais atrairemos pessoas também adoecidas e imaturas, gerando um círculo vicioso.

Insistir em viver amores imaturos pode parecer apenas um problema individual ou de um casal, mas, na verdade, é um problema social bastante grande, já que as famílias passam a ser estabelecidas e desenvolvidas dentro dessas desestruturas. É a partir de relacionamentos infantis que surgem os lares disfuncionais, e é também a falta de maturidade nas relações que resulta em cada vez mais separações e divórcios cheios de angústias e ressentimentos.

Conheço bem esses sentimentos, pois vivi todos eles na minha própria história e durante o meu processo de evolução individual. Quando meu filho nasceu, entrei em um estado de depressão profunda porque tudo aquilo que eu havia sonhado sobre família e casamento não estava me preenchendo como eu esperava. Pelo contrário, eu vivenciava uma frustração muito grande.

Eu não tinha suporte familiar, meu parceiro morava em outra cidade, eu estava sozinha com o meu filho, e a maternidade era pesada para mim. Uma série de fatores veio à tona, e percebi que estava infeliz. A partir disso, eu cobrava muito de mim mesma, do meu filho, cobrava das pessoas coisas que elas não podiam me dar, buscava preencher as expectativas que eu havia criado. Eu estava presa num jeito imaturo de amar. Percebi, então, que aquele sentimento de família desfeita carregava muitas sombras e muitas questões que precisavam ser trabalhadas no meu interior, pois vinham de traumas da minha infância que acabavam por refletir em meu relacionamento.

A partir da vontade de me curar e de compreender o que acontecia comigo, comecei a estudar a fundo as relações e a mente humana e a buscar linhas alternativas para conseguir encontrar as respostas que procurava. Aos poucos, fui conhecendo a terapia do renascimento, a psicogenealogia, a visão da psicologia analítica junguiana. Estudei física quântica, psicologia junguiana, o DNA humano, a epigenética e até a ancestralidade. Vi que era possível me libertar de angústias para parar de sofrer.

Fiz formações internacionais em Nova Medicina Germânica e Psicogenealogia, busquei compreender o funcionamento e a neuroplasticidade do cérebro e como os traumas acabam sendo programados dentro de nós. Conheci várias técnicas holísticas, me desenvolvi em diversas linhas e me pós-graduei em Psicologia Analítica Junguiana.

Conforme fui procurando essas especializações, eu ainda sentia que, por mais que eu me curasse, algo ainda faltava no meu coração: eu precisava encontrar o meu propósito existencial. E o encontrei no meu trabalho, e a minha profissão me trouxe esse sentido existencial que eu tanto buscava. Ainda assim, eu sentia que buscava o amor fora de mim; eu não era fonte de amor.

Foi quando comecei a escrever o meu segundo livro, *Você é amor*,[1] que tive um momento de profunda reflexão e parei para conversar com Deus. Eu sentia que não podia terminar de escrever aquele livro porque eu mesma não sabia amar de verdade. Eu ainda amava através das necessidades da minha criança ferida, e pela visão de amor que havia aprendido com os meus pais. Pedi a Deus que Ele me ensinasse a amar, eu queria saber o que era o amor e queria saber como amar.

Lembro que era uma noite linda de lua cheia, e eu olhava o mar pela janela. Foi nesse momento, em profundo êxtase divino, de comunhão e oração que escutei pela primeira vez a voz do meu interior. Era Deus, que me dizia que o amor já estava em mim e que eu era parte dele. O amor não estava em um parceiro ou em um relacionamento, estava no meu ser, no meu ato de amar e de estar presente nesse amor. A partir de então, entendi que era preciso amar na ação, colocar o meu amor interno em prática no meu dia a dia.

Na minha abordagem terapêutica atual, procuro conciliar a ciência e a espiritualidade para além daquilo que é, hoje, tradicionalmente ensinado nas universidades. Minha intenção sempre foi buscar um resultado rápido e efetivo tanto para mim como para os meus pacientes e, felizmente, depois de muitos atendimentos clínicos e tantas formações profissionais, tenho orgulho de perceber quantas vidas e relações foram transformadas a partir do meu trabalho. E essa transformação é o que quero que você sinta com a leitura deste livro.

---

[1] CALDERINI, R. **Você é amor**. Maringá: Viseu, 2023.

Sempre digo que, se a vida é uma escola, e os relacionamentos são a universidade, é dentro das relações que mais temos a aprender sobre nós mesmos e que mais conseguimos evoluir enquanto seres humanos. E isso é necessário porque, se essa nova consciência nos relacionamentos amorosos não acontecer, estaremos fadados a viver em um sistema cada vez mais doentio em que as pessoas apenas apontam os problemas dos outros, mas ninguém olha para si.

Dentro de uma relação, é preciso criar a consciência da importância da responsabilidade afetiva e também a de nos tornarmos uma pessoa melhor para o outro. Para que deixemos de cultivar e viver amores imaturos, precisamos estar dispostos a começar a curar os nossos traumas e as nossas sombras. Sei que isso pode parecer assustador, mas, ao longo desta leitura, trarei ferramentas que vão auxiliar você nesta jornada evolutiva.

Acredito que o diferencial deste livro é o olhar espiritual e terapêutico que trago sobre os relacionamentos amorosos. Um olhar no sentido de trazer para a consciência o quanto as nossas desordens psíquicas (por exemplo, o narcisismo, o *borderline*, a dependência emocional, a depressão e a ansiedade) são frutos de um trabalho interior que não é feito. Vivemos em uma sociedade adoecida que não coloca como prioridade o desenvolvimento espiritual. Mas é importante destacar que a nossa espiritualidade não precisa estar vinculada a uma determinada religião. Pelo contrário, ela está muito mais relacionada ao autoconhecimento e à percepção de quem nós somos e de como reagimos nas relações.

Aqui, quero que você aprenda a escutar a voz do amor e a se autoconhecer a partir do relacionamento amoroso para que, finalmente, perceba que o que está vendo no outro são, na verdade, as suas próprias sombras, aquilo que você precisa encarar. Nas relações, é preciso saber "usar o outro" como um instrumento de evolução pessoal. Porque, caso não o faça, você ficará eternamente preso nos mesmos problemas.

Muito provavelmente você já viveu determinadas situações dentro de seus relacionamentos que parecem repetitivas – sejam traições, abusos físicos ou psicológicos, sejam dificuldades na comunicação e no planejamento da vida a dois. Talvez até já tenha se perguntado: "Mas por que eu estou passando por isso de novo?".

Se você se sente dessa forma, saiba que viver um amor pleno e maduro é possível. Mas antes mesmo de pensar em entrar em um relacionamento ou, inclusive, se já estiver em um, você precisa estar feliz individualmente, estar inteiro. Só assim se consegue compartilhar tudo de verdade com quem se ama, sem a necessidade de cobrir vazios com expectativas elevadas.

Ao longo desta leitura, você vai entender o desequilíbrio nas energias masculinas e femininas e a questão do "dar e receber", que surge nas pessoas que costumam se doar em excesso para suprir o vazio interno que sentem. Abordaremos também a baixa autoestima, a necessidade de aprovação, os mecanismos da codependência emocional, as rejeições, o amor-próprio e muitos outros temas importantes para ser alguém capaz de viver um relacionamento pleno, leve e verdadeiramente feliz.

Estar inteira em uma relação é campo fértil para a admiração, e, quando ambos estão inteiros, o relacionamento só tende a evoluir e a ganhar. É quando se consegue compartilhar a vida da maneira mais saudável e madura. A grande ilusão no relacionamento a dois é buscar a felicidade no outro. Amar esperando que a outra pessoa nos faça feliz é uma necessidade da nossa criança interna, o que torna nossa felicidade dependente das atitudes do outro e faz com que criemos inúmeras expectativas que acabam em constantes frustrações, gerando muita ansiedade. Basta a pessoa não agir como esperamos que desabamos em frustrações. A felicidade é interna. Quando dois indivíduos são felizes e não projetam no outro as suas amarguras, o relacionamento se torna saudável. Sem cobranças, o casal é livre para evoluir; apesar de caminharem lado a lado, sempre juntos ao longo da vida, seguem sendo seres únicos dentro da sua individualidade. Priorizar a sua felicidade individual não é egoísmo, é amor-próprio.

Está preparada para começar um grande e bonito processo de transformação no amor? Espero que sim, porque nas próximas páginas você trilhará uma jornada de autoconhecimento e cura interior, encontrando, finalmente, o equilíbrio emocional e a redução dos conflitos que podem estar tornando a sua vida tão pesada até agora.

É dentro das relações que mais temos a aprender sobre nós mesmos e que mais conseguimos evoluir enquanto seres humanos.

@robertacalderini

PARTE 1

As muitas questões do casamento

CAPÍTULO 1

Os modos de amar

Segundo dados divulgados no início de 2023 pelo Instituto Brasileiro de Geografia e Estatística (IBGE), o número de divórcios no país voltou a bater recorde em 2021, atingindo 386,8 mil casos – uma alta de 16,8% em relação a 2020. Ainda segundo o IBGE, um a cada três casamentos termina em divórcio antes dos treze anos.

A infelicidade dentro de um relacionamento, causa geral dos divórcios, pode acontecer por diversos fatores, já que cada relacionamento é único e composto de dois seres humanos complexos. A falta de uma comunicação eficiente pode levar a uma relação infeliz, assim como valores e diferenças irreconciliáveis e, ainda, a falta de comprometimento mútuo e responsabilidade afetiva. Mas o que está por trás de tudo isso?

Acredito que uma das causas de um relacionamento infeliz tem origem na falta de maturidade emocional. Pessoas que vivem um amor maduro enxergam e aceitam o parceiro desde o início por quem ele é e valorizam suas qualidades. Quando existe maturidade

---

[2] CARNEIRO, L. Divórcios voltam a bater recorde no país, diz IBGE. **Valor Investe**, 16 fev. 2023. Disponível em: https://valorinveste.globo.com/mercados/brasil-e-politica/noticia/2023/02/16/divrcios-voltam-a-bater-recorde-no-pas-diz-ibge.ghtml. Acesso em: 2 nov. 2023.

emocional, os dois praticam a empatia e se dedicam a nutrir a relação, desenvolvendo uma comunicação empática e de escuta ativa.

Quem ama de maneira imatura, muitas vezes, não consegue sequer enxergar o outro por quem ele é, pelo que pode oferecer de fato. A pessoa não está inteira, não tem um propósito bem definido, está desconectada de si e dependente do amor do outro. Projeta nele as próprias expectativas, se apaixonando por elas, e não pelo outro verdadeiramente. E, assim, começam as desilusões e, consequentemente, as brigas e os desentendimentos.

Mas por que algumas pessoas só conseguem amar de modo imaturo e infantil? Para descobrir isso, é preciso que analisemos o que acontece durante a nossa infância, parte fundamental do desenvolvimento da nossa alma em que sentimos uma necessidade imensa de receber amor, carinho, elogio, cuidado e nutrição para nos sentirmos validados, seguros e preenchidos.

Se na infância recebemos amor, na fase adulta nos amamos e transbordamos amor. No entanto, se durante esse período não recebemos o amor de que precisamos para transbordar, é justamente aí que começamos a nos desconectar da nossa verdadeira essência e da potência interna que somos, e passamos a amar de modo infantil. A partir de então, começamos a nos projetar no mundo pela falta e pela desconexão e esperamos dos outros o amor que não recebemos na infância. É por isso que, muitas vezes, as pessoas buscam parceiros iguais ao pai ou à mãe ou que tenham comportamentos parecidos com os deles. São tentativas de encontrar o que não receberam.

Quando amamos de modo infantil, projetamos na pessoa todos os sonhos e carências e nos apaixonamos por quem desejamos que a pessoa seja, e não por quem ela realmente é. O amor imaturo faz a pessoa se doar ao máximo em uma tentativa de ser importante e necessária para o outro, mas, com o tempo, ela passa a cobrar quando não recebe o suprimento do seu vazio interior e se torna desagradável, sempre reclamando, criticando. O amor imaturo usa o outro para suprir o seu vazio, a sua falta de amor interno.

Dentro de uma relação, se ambos amam de maneira imatura, o que temos são duas crianças feridas sem a maturidade necessária para compreender os desentendimentos comuns da vida a dois e lidar com eles. É por isso que, muitas vezes, os confrontos parecem surgir de coisas pequenas. Perde-se energia e tempo reclamando.

Quando as pessoas estão vivendo a imaturidade emocional, costumam cobrar muito do outro sem antes mesmo fazer o exercício de se observar, se escutar e buscar compreender de onde vêm as próprias carências. Mais que isso, sequer tentam fazer o mesmo exercício para com o outro. Quer um exemplo? Quantas vezes, durante uma discussão com seu parceiro, em vez de escutar de verdade o que ele estava tentando comunicar, você imediatamente pensou em motivos para se defender ou até para acusá-lo de volta?

As pessoas cobram muito quando vivem a imaturidade amorosa e não conseguem enxergar que, muitas vezes, o outro realmente não consegue dar além do que se propôs. E como pedir que o outro transborde amor quando você mesmo não tem oferecido esse amor abundante em troca? Além disso, a forma como você demonstra amor pode não ser a mesma de que gosta de recebê-lo.

No livro *As 5 linguagens do amor*,[3] Gary Chapman identificou cinco maneiras pelas quais as pessoas expressam e recebem as manifestações de amor: palavras de afirmação, tempo de qualidade, presentes, atos de serviço e toque físico. Para o autor, compreender que essas diferenças existem é parte da solução para fazer com que casais sejam mais felizes e conscientes da própria relação.

É comum vermos mulheres se desdobrando para fazer tudo pelos parceiros, e estes nunca acharem que isso é o suficiente. Mas será que o outro está mesmo sendo insuficiente ou a pessoa imatura é quem está cobrando em excesso devido a uma expectativa criada para suprir um vazio interior? É como se um cobrasse do outro a salvação da própria vida, mas sinto informar que essa salvação não está no outro. Se a pessoa não tiver essa percepção

---

[3] CHAPMAN, G, **As 5 linguagens do amor:** como expressar um compromisso de amor a seu cônjuge. São Paulo: Mundo Cristão, 2013.

Quando a gente entra na frequência da leveza, tudo se torna leve para a gente também, a vida se torna mais gratificante.

@robertacalderini

permanecerá infeliz, trocando de relação e procurando terceiros para culpar.

Alguém pode até pode dizer que vai mudar, mas a verdade é que, às vezes, ele não têm condições para isso, porque o trauma ou o desequilíbrio é maior. Assim, quem ama de maneira imatura acaba por se vitimizar e dizer "você me prometeu que ia mudar", em vez de amar incondicionalmente e perceber o que está por trás de tanta dor.

A falta que faz falta

Costumamos sentir um grande vazio quando estamos infelizes em um relacionamento amoroso. É uma sensação de falta que pode estar atrelada a uma ausência, a uma carência ou à privação de algo ou de alguém. E esse sentimento de ausência, seja emocional, seja física, é o que causa esse enorme vazio dentro de nós. É como se a alma estivesse vazia em um corpo que apenas luta e cumpre suas obrigações, mas não se sente motivado, pleno e preenchido. A alma clama por amor e pela realização do sonho da felicidade a dois, mas parece que esse sonho nunca se concretiza.

No meu trabalho, minha abordagem é muito baseada nas energias femininas e masculinas, mas sem traçar associações com o feminismo e o machismo, pois esta não é a vertente à qual me dedico. Quando falo sobre energias, as mulheres, logicamente, simbolizam a energia feminina, enquanto os homens simbolizam a energia masculina. No entanto, é importante clarificar que todos – tanto homens quanto mulheres – trazemos as duas energias dentro de nós e precisamos que elas estejam em equilíbrio – a energia feminina é representada pelo amor, pelo carinho e pelo afeto, enquanto a energia masculina é representada pela ação e conquista.

Quer um exemplo de como essas energias estão presentes em suas ações? Se na sua vida profissional você só aplica sua energia masculina, é bem possível que conquiste o dinheiro que busca, mas que não se sinta plenamente realizada. Dessa maneira, viverá uma vida automática e, aos poucos, perderá o senso de amor e de propósito pelo que faz.

Por outro lado, a pessoa que ama o que faz (característica da energia feminina), mas que não tem a energia masculina bem desenvolvida, muito provavelmente não terá a força de ação e de concretização necessária para fazer a vida profissional acontecer. Pode, inclusive, se colocar em situações abusivas ou desrespeitosas por não saber a maneira certa de se impor.

Tenho recebido em meu consultório muitas pessoas que, devido ao desequilíbrio nas energias feminina e masculina, estão desconectadas com o seu interior. Estão conectadas com dores e angústias que, quando começam a entrar em contato com o coração, com essa força cardíaca que é o nosso chacra central, sentem como se o coração estivesse frio, por mais que sejam afetuosas e se relacionem com outras pessoas.

Esse coração frio é um reflexo de gerações de mulheres que viveram dores, de famílias desestruturadas, mas também do sistema patriarcal em que as pessoas estão cada vez menos voltadas para elas mesmas. Vivemos em uma sociedade patriarcal, e todos os dias precisamos acordar cedo, trabalhar e descobrir as melhores formas de se ganhar dinheiro. O alto rendimento é cobrado de maneira incessante. Essas costumam ser as prioridades do nosso dia a dia, fazendo com que não tenhamos tempo para entrar em contato com o nosso interior.

Quando por fim encontramos tempo para olhar diretamente para ele, nos deparamos com um grande vazio. Por estarmos vivendo uma vida automática, sem amor e com excesso de ação e obrigações, sem perceber começamos a tentar suprir esse vazio, ingerindo cada vez mais coisas externas: mais energia masculina.

É a partir desse lugar que começam a surgir os vícios, inclusive por relacionamentos, para suprir o vazio que vem da falta da energia feminina: as compulsões alimentares, o uso de drogas lícitas ou ilícitas, consumos excessivos, a procura por status e títulos e os excessos em geral. Esse vazio nos faz procurar por máscaras sociais (falaremos

OS MODOS DE AMAR

delas mais adiante) para que tenhamos a sensação de pertencimento e de que está tudo bem. A verdade é que, muitas vezes, não está. E é por isso que, cada vez mais, as pessoas recorrem a medicações para conseguir dormir, sorrir e tentar encontrar algum sentido existencial.

Tive uma paciente que perdeu a mãe muito cedo, quando ainda era adolescente, por volta dos 12 anos, e se viu obrigada a cuidar da casa, da família, do pai e dos irmãos. A vida se tornou dura para ela, que, a partir disso, se desconectou da leveza do feminino e passou a viver no modo operante de atenção, de dureza, de que a vida é árdua, cheia de problemas e preocupações. Ela se desconectou da leveza da alma e passou a sobreviver no excesso de energia masculina.

Em seu casamento, em alguns momentos ela era totalmente submissa, e todos faziam o que queriam com ela. Em outros, ela resolvia os problemas de todos aos seu redor. Ela sempre controlava tudo cuidando das pessoas e não se deixava ser cuidada. Tomava as rédeas e se sobrecarregava; brigava em excesso, estava sempre preocupada, com medo, nervosa e nada podia dar errado. Ela precisava ser cuidada, mas não conseguia ver isso.

Até que finalmente percebeu que vivia presa no trauma de quando era criança: ela ainda se via como aquela menina de 12 anos. Cansada de sofrer, escreveu uma carta para si mesma, para aquela adolescente, dizendo que havia chegado a hora de resgatar a leveza que havia se perdido naqueles traumas e naquele excesso de responsabilidade. A partir disso, tornou-se mais leve e menos controladora nas relações e na vida.

Quando a gente entra na frequência da leveza, tudo se torna leve para a gente também, a vida se torna mais gratificante. E se você está leve em um relacionamento, há espaço para também nutrir o outro. Se está vivendo de maneira rígida, não há como nutrir o outro. Assim, a minha paciente percebeu que não nutria, ela controlava. E percebeu que não havia como transbordar amor naquele controle. Aquilo era medo e insegurança, não amor genuíno.

Quando ela entendeu que o amor não está no controle, mas na nutrição, na compreensão das suas fraqueza e das suas necessidades e do outro, passou a agir com mais leveza, e o marido se tornou mais presente, os filhos adolescentes se tornaram mais afetuosos e ela sentiu a união da família acontecendo. Ela conseguiu falar *não* para os familiares e impôs os limites de que precisava, porque compreendeu que ela não precisava se sacrificar para carregar o peso do outro, que cada um deve carregar a si mesmo.

    A partir de então, minha paciente começou a ter tempo para a própria vida, cultivando uma relação de amor consigo mesma. Seu semblante ficou mais leve, e ela passou a ter exatamente o que queria: momentos a dois com o marido, momentos com a família, com os amigos, repletos de união amor e afeto. Tudo que ela precisava fazer era deixar de ser controladora e começar a relaxar. Às vezes, é simples assim. É confiar no abstrato e no divino.

As energias no relacionamento

Talvez você já tenha percebido que toda dor parece ficar mais latente quando se está dentro de um relacionamento amoroso. O seu vazio faz você buscar no parceiro a fonte de amor que não encontra em si, você se vicia na necessidade do outro e se torna dependente emocional, ainda mais quando o outro não lhe supre com o que almeja. As frustrações acontecem porque é dentro das relações afetivas que você começa a se deparar e se relacionar com as sombras do outro. Sem perceber, queremos que o outro supra o nosso vazio interior e passamos a buscar alguém que conserte a nossa falta de sentido interno.

    Já se perguntou por que as relações começam bem e, de repente, parecem perder toda a sintonia que existia antes? A verdade é que, normalmente, as pessoas não se apaixonam por quem o outro é, elas se apaixonam pela expectativa de que o outro possa curar o seu vazio. E é assim que os caprichos e reclamações começam a se intensificar e a sufocar as relações, um tentando mudar ou moldar o outro para suprir expectativas que nunca serão atingidas.

Para ter saúde mental, é preciso escolher com quem nós nos relacionamos, escolher viver com pessoas que não nos tornem doentes.

@robertacalderini

Assim começam as neuroses e as brigas nas relações, e a pessoa não transborda o amor e a energia feminina que deveria transbordar. Essa é a verdadeira falta que faz falta. É essa falta interna de sentido existencial – representada pela energia feminina – o que verdadeiramente fará falta no outro, na relação e no dia a dia.

Viver no automatismo, nas compulsões, ansiedades e vícios é viver no excesso de energia masculina e se perder cada vez mais de si mesma. Quanto mais procurarmos preencher a falta com o externo, maiores serão as chances de que esse buraco aumente consideravelmente dentro de nós. A única maneira de verdadeiramente preenchermos esse vazio é pelo encontro com o amor em nosso interior, o que faz parte da energia feminina. Percebe como é contraditório? Vivemos em uma sociedade com excesso de energia masculina para, justamente, tentar suprir a falta de energia feminina. E essa conta não fecha.

Quando falamos sobre relacionamentos amorosos, é importante compreender como o desequilíbrio das energias masculina e feminina se manifesta. Como já sabemos, a energia feminina, que está diretamente associada a nossa essência e ao amor, precisa estar presente (e equilibrada) em homens e mulheres para a construção de um relacionamento saudável. Afinal, ambos sentem a necessidade de acolhimento, nutrição, carinho, abraços, beijos e afetos.

Quando nossa energia feminina está em desequilíbrio, a tendência é que a procuremos nos outros de maneira compulsiva – às vezes até neurótica – e desesperada. Vale ressaltar que, quando há um desequilíbrio e falta da energia feminina, a energia masculina se desequilibra também, ficando em excesso ou em total escassez.

Nos casos em que há excesso de energia masculina, a agressividade, a frieza, a ansiedade, o nervosismo e o automatismo são sintomas claros. Mulheres com esse excesso costumam demonstrar uma raiva muito grande e até cobranças agressivas, são as que costumam ouvir dos parceiros frases como "eu não tenho mais o que dar para você, fiz tudo o que eu podia". Existem mulheres sozinhas há anos porque se tornaram controladoras e rígidas e não se permitiram ser cuidadas e dar espaço para um homem. Já os homens com excesso de energia masculina são aqueles que não abraçam, não fazem um elogio, não demonstram carinho ou sentimento e podem se tornar abusivos e agressivos.

Quando há falta de energia masculina, a tendência é que busquemos apoio, presença, afeto e carinho de maneira descontrolada. É nesse momento que começamos a sufocar o outro, a agradar ou cobrar demais, a fazer em excesso, a tentar ajudar demais, correndo o risco de cair em uma dependência emocional. Há também a sensação de impotência, angústia e tristeza. Essas pessoas estão tão desconectadas de si e sem força existencial que não conseguem concretizar nada sozinhas, são tomadas constantemente por profundos desânimos quando estão na companhia de si mesmas.

É importante também abordarmos a questão da codependência, que acontece quando se relaciona com alguém imaturo emocionalmente, tem algum transtorno psíquico, algum vício ou que não tem maturidade emocional para criar um relacionamento estável. Geralmente, para que isso se perpetue, o outro também tem essa forma imatura de amar por não ter recebido amor e afeto de que precisava na infância. Por isso é que há uma codependência: um começa a viver em função do desequilíbrio do outro.

Quando nos colocamos em segundo plano, sacrificando nossas próprias necessidades e bem-estar para tentar agradar as necessidades emocionais de outra pessoa, estamos agindo com codependência. Quem age assim costuma ter uma autoestima extremamente baixa e o tempo todo sente uma necessidade de receber validação dos outros.

Sempre falo que, para ter saúde mental, é preciso escolher com quem nós nos relacionamos, escolher viver com pessoas que não nos tornem doentes. E a codependência vem de pessoas adoecidas, mas também do fato de que nós é que permitimos que elas nos adoeçam, sempre esperando que elas nos deem algo que não podem dar.

Quando permitimos essa desestabilidade, autorizamos a dependência emocional, que é sentir que dependemos do outro para sermos felizes e para equilibrarmos os próprios sentimentos. Também é deixar que o outro desestabilize o nosso emocional. Quando nos vemos dependendo do outro para existir e para sobreviver, passamos a fazer tudo em função dele e a querer agradá-lo para nos sentirmos amadas e aceitas.

Por trás de toda dependência emocional, existe um agradador. Aliás, o que costuma nos manter presas em relacionamento infelizes é justamente essa necessidade de agradar. Como se precisa ser aprovado, sente que não pode falar não, não pode desapontar, não pode impor limites. E, então, dentro da relação, não dizemos o que sentimos e o que esperamos e não nos posicionamos com firmeza por ter medo da rejeição.

O medo de desagradar também está associado à culpa. O agradador, geralmente, se vê como culpado ou como vítima. Quando, na verdade, ele é apenas mais uma criança que não teve suas necessidades atendidas e que não sabia como expressá-las. E quando falo sobre essas necessidades da criança, acho importante ressaltar que, muitas vezes, estamos falando de necessidades profundas, no entanto, pequenas. Como a necessidade de um tempo de qualidade com os pais, de um olhar carinhoso, de se sentir amada, de ouvir a mãe dizer "eu te amo" ou de receber um abraço seguido de "eu compreendo a sua dor".

Estamos falando de necessidades da alma para que ela se preencha de amor e possa transbordá-lo. Quando não recebemos isso na infância, teremos muita dificuldade de saber como expressar o que precisamos. E aqui é que entra a palavra negligência. Vivemos em uma sociedade que está muito habituada a negligenciar as necessidades sutis da nossa alma.

No dia a dia, acabamos sempre dando mais do que recebemos. Primeiro, porque não percebemos que essas necessidades foram sufocadas durante uma vida inteira. Quando pedimos que elas fossem supridas, fomos desaprovados e reprimidos. E é daí que vem o medo da desaprovação, de falar o que pensamos, sentimos e queremos. É um medo visceral de apanhar, de ser abandonado ou de não ser amado. Assim, seguimos negligenciando as nossas necessidades para agradar o outro na tentativa de receber esse amor que não recebemos.

Aos poucos, passamos a depender cada vez mais dessa aprovação e paramos até de perceber quais são as nossas reais vontades. Desenvolvendo, assim, "falsos eus", que na verdade são síndromes, para lidar com as nossas carências. Com esses "falsos eus", tentamos cumprir os papéis que nos foram impostos na infância. O grande problema desses papéis é que eles servem apenas para se tentar receber um pouco de amor, mas não são os papéis que farão com que estejamos em nossa verdadeira essência e abundância divina.

Essa falta que faz falta é o que gera toda essa disfunção nas relações afetivas; nasce, justamente, da disfunção do amor no sistema familiar. Por isso, sempre reforço que a família é a base para tudo. Quando temos a estrutura familiar bem consolidada e resolvida, nós conseguimos ir para o mundo e transbordar esse amor de uma maneira mais consistente, em todas as áreas da nossa vida.

Então, a nossa família – e isso nós vamos formar com os nossos parceiros na vida adulta, e por isso a importância de cultivar relações afetivas saudáveis e equilibradas – é um reflexo de como estamos distantes de nós mesmos. Enquanto isso não for equilibrado, todas as demais áreas da vida continuarão a ser comprometidas.

Esse vazio se manifesta de maneira mais clara do que imaginamos e podemos começar a perceber se temos vivido essa *falta que faz falta* parando para refletir um pouco sobre como têm sido nossos relacionamentos até agora. As perguntas a seguir podem ajudar a identificar alguns sintomas:

- Você tem estado em relações vazias e que não a preenchem?
- Tem encontrado apenas pessoas que não procuram por nada sério, ou que parecem estar ainda mais perdidas que você?
- Você ou elas têm problemas com vícios?
- Logo que você inicia uma relação, já se começam as brigas e os desentendimentos?

- Sente que as suas expectativas não estão sendo supridas nas relações?
- Você sufoca o outro e cobra demais?
- Aceita abusos e se mantém em uma relação infeliz?
- Sente angústia e rejeição?
- Tem medo da solidão?

Yin-Yang: o desequilíbrio entre o feminino e o masculino

Na questão das energias masculina e feminina, a terminologia pode variar um pouco de acordo com cada abordagem. A psicologia analítica junguiana, por exemplo, chama essas energias de Anima e Animus.[4] Gosto também de utilizar a nomenclatura a partir da filosofia oriental,[5] que nomeia a energia feminina como Yin e a masculina como Yang.

Enquanto o feminino representa a energia do nosso interior (ser), o masculino representa a energia externa (ter), ou seja:

- **Yin (ser):** nutrição, amor, afeto, carinho, lar, ciclos, a lua, a nossa escuridão, o inconsciente, o silêncio, a emoção, o sentir, o intuir e o criar.
- **Yang (ter):** razão, movimento, agir, fazer, o sol, o dia, a coragem, a ação, a proatividade e a produtividade.

Isso quer dizer que uma pessoa com equilíbrio na energia Yin terá uma boa autoestima, uma grande conexão consigo mesma, uma

---

[4] JUNG, E. **Animus e anima**: uma introdução à psicologia analítica sobre os arquétipos do masculino e feminino inconscientes. São Paulo: Cultrix, 2020.

[5] O QUE significa o yin-yang. **National Geographic**, 6 dez 2022. Disponível em: https://www.nationalgeographicbrasil.com/historia/2022/11/o-que-significa-o-yin-yang. Acesso em: 2 nov. 2023.

forte presença interna, intuição apurada, clareza e limites bem definidos. Ela está em uma grande força interior e sabe como se sustentar e se apoiar em quem é verdadeiramente na essência. Já quem tem equilíbrio na energia Yang terá a força de ação, de movimento de construção e a iniciativa para realizar os próprios sonhos.

Ter equilíbrio entre as duas energias é fundamental para que o ser humano faça o que está aqui para fazer: realizar seus sonhos internos, transbordar amor, viver em abundância, crescer e evoluir espiritualmente. Ele vive de forma plena, pois está conectado com seu interior e sabe como se manifestar no mundo (externo) a partir desse interior fortalecido.

O ideal é que tentemos sempre manter essa balança em equilíbrio, principalmente quando falamos sobre o ser e o ter. O mundo externo é um reflexo do nosso mundo interno e, portanto, o ser se manifesta pelo ter. Logo, quanto mais alguém está em equilíbrio por dentro, mais o externo se manifestará em harmonia. Mas, então, o que acontece quando essas energias estão desequilibradas?

Durante muito tempo, por conta do sistema patriarcal mecanicista que vivemos até hoje, a matéria (o ter) sempre teve maior peso que o espírito (o ser), e as duas coisas não podem estar separadas, porque sem ambas não nos sentimos completos. Por outro lado, vejo que hoje existem muitas vertentes que falam sobre resgatar o ser, mas acabam esquecendo que o espírito se realiza na matéria. Daí a importância de estabelecermos o equilíbrio entre Yin e Yang, feminino e masculino, ser e ter para nos sentirmos preenchidos.

Nas relações amorosas, sempre podemos perceber essas energias de maneira mais predominante em nossas atitudes. Enquanto a figura materna representa o nosso lado Yin, a paterna representa o lado Yang, e isso nada tem a ver com gênero, sexo ou as orientações afetivas do casal. Aliás, hoje, no momento em que estamos vivendo, existe um chamado para que as pessoas estejam cada vez mais equilibradas, de modo que essa diferença na relação já nem exista tanto.

Ainda assim, o equilíbrio da mulher encontra-se na energia feminina, e o dos homens na energia masculina. Isso porque, arquetipicamente falando, nós nascemos no sexo feminino ou masculino e nossas necessidades fisiológicas e biológicas são diferentes. Mas quando falamos sobre atitudes, posicionamento de vida, seja no relacionamento amoroso, seja no trabalho ou em relação à família, os desequilíbrios de Yin e Yang ficam muito claros em relação aos papéis que acabamos cumprindo. Porém, a mulher encontra o equilíbrio primeiro internamente (Yin) para depois se realizar externamente (Yang); a mulher saudável se relaciona com a vida e o seu meio do feminino para o masculino, de dentro para fora. Já o homem funciona ao contrário, sua primeira energia é a ação externa, a conquista (Yang), e a partir do externo se realiza internamente (Yin).

Para descrever melhor e mostrar exemplos reais de como essa desarmonia se manifesta em nossas ações e nas relações, costumo separá-las em três níveis de profundidade de desequilíbrio, detalhados a seguir.

DESEQUILÍBRIO YIN

NÍVEL 1: O CARENTE. O NÍVEL DE DEPENDÊNCIA EMOCIONAL MAIS FRACO. A PESSOA SENTE QUE NÃO É BOA O SUFICIENTE, QUE NÃO É CAPAZ E QUE NÃO É IMPORTANTE PARA SER AMADA. SENTE FALTA DE APOIO, SENTE MEDO CONSTANTE DA SOLIDÃO, ANGÚSTIA PROFUNDA NO PEITO E ÀS VEZES ATÉ DEPRESSÃO. ELA É CARENTE E SUFOCA AS SUAS RELAÇÕES COBRANDO O AMOR DO OUTRO. POR SER EXCESSIVAMENTE ROMÂNTICA E SENSÍVEL, SE DESESTRUTURA FÁCIL.

NÍVEL 2: A VÍTIMA. ALÉM DE SE SENTIR CARENTE, COM BAIXA AUTOESTIMA E SEM FORÇAS PARA SE POSICIONAR NA VIDA, CARREGA AS CARACTERÍSTICAS DO PRIMEIRO NÍVEL, SOMANDO-SE A ISSO A VITIMIZAÇÃO. REPETE FRASES COMO "NINGUÉM ME AJUDA", "NÃO TENHO SORTE", "NINGUÉM OLHA PARA MIM" E "EU SOU UMA POBRE COITADA". ESTÁ CONSTANTEMENTE RECLAMANDO, NÃO VALORIZA

O QUE TEM E O QUE RECEBE DO OUTRO. TEM UMA IDENTIDADE DE VÍTIMA POR CAUSA DOS LIMITES FRACOS, EVITA A RESPONSABILIDADE, SENTE-SE ENGANADA, PRECISA ESTAR NO CONTROLE E EM GUARDA, É VICIADA EM REAÇÕES EMOCIONAIS NEGATIVAS E SUA COMUNICAÇÃO É PASSIVO-AGRESSIVA.

NÍVEL 3: O MANIPULADOR. AQUI, OS MECANISMOS DE VITIMIZAÇÃO E CARÊNCIA DÃO LUGAR AO NÍVEL MAIS PESADO DE DESEQUILÍBRIO FEMININO, A MANIPULAÇÃO. É UM CAMALEÃO E MUDA AS SUAS OPINIÕES DE ACORDO COM A SITUAÇÃO, SABENDO DIZER A COISA CERTA PARA CONSEGUIR O QUE QUER. PROJETA EXPECTATIVAS IRRACIONAIS E EGOÍSTAS NOS OUTROS, É HÁBIL EM MANIPULAR, SEDUZIR E CONTROLAR, GERALMENTE É UMA PESSOA SEDUTORA E CARISMÁTICA, TRAIÇOEIRA. TRAI E UTILIZA DE DISTORÇÃO PSICOLÓGICA PARA ATENDER AS SUAS NECESSIDADES, SE DESCULPAR E DOMINAR OS OUTROS. SEU SENSO DE PRIVILÉGIO IMPÕE EXIGÊNCIAS IRREAIS À SUA FAMÍLIA E AMIGOS.

DESEQUILÍBRIO YANG

NÍVEL 1: O BONZINHO. ACEITA QUALQUER COISA, FAZ O QUE LHE PEDEM, NÃO CONSEGUE FALAR NÃO, MUITO MENOS SE POSICIONAR. VIVE EM FUNÇÃO DO CÔNJUGE, DO FILHO OU DO CHEFE E DIZ SIM PARA TODOS, FAZENDO O QUE MANDAM SEM TER UM PROPÓSITO DA ALMA CLARO E DEFINIDO. NÃO SABE O QUE QUER E O QUE FAZ, MAS SEGUE FAZENDO NO MODO AUTOMÁTICO. VIVE COMO UMA MARIONETE EM FUNÇÃO DO QUE AS PESSOAS DIZEM QUE É BOM PARA ELE. AGRADA E NÃO CONSEGUE COLOCAR LIMITES POR NÃO ACREDITAR NO SEU VALOR. SENTE QUE, AO FALAR NÃO, NÃO SERÁ AMADO E VALORIZADO. DIZ SIM A TUDO E CADA VEZ MAIS VIVE PERDIDO DE SI. VAI ENTRANDO NUMA VIDA VAZIA E SEM SENTIDO EXISTENCIAL,

MATERIALISTA, E SE ENCHE DE MATÉRIA PARA SUPRIR ESSE VAZIO. ASSIM, COMEÇAM OS VÍCIOS, OS EXCESSOS E AS COMPULSÕES.

NÍVEL 2: O SALVADOR. ALÉM DE BONZINHO, NECESSITA SE SENTIR IMPORTANTE E ÚTIL PARA AS PESSOAS. DESSA FORMA, AJUDA A TODOS, FAZENDO EM EXCESSO PELOS OUTROS. ACREDITA QUE É AUTOSSUFICIENTE, QUE NÃO PRECISA DE NINGUÉM, ESTÁ SEMPRE ESTRESSADO, COM TENSÃO, SERIEDADE E RIGIDEZ. ENTRA NO MODO AGRADADOR, TENTANDO FAZER EM EXCESSO NA TENTATIVA DE SER VISTO E RECONHECIDO. ACREDITA QUE SOMENTE ELE SABE COMO FAZER TUDO MELHOR QUE TODOS E QUE OS OUTROS DEPENDEM DELE. ACREDITA QUE, AO FAZER ALGO PELAS PESSOAS, SERÁ RETRIBUÍDO, PORÉM, QUANDO PRECISA, NÃO PODE CONTAR COM NINGUÉM; ASSIM, SE ENRAIVECE E COBRA PELO QUE FEZ, MUITAS VEZES JOGANDO NA CARA DE MANEIRA AGRESSIVA. SE NÃO IMPUSER LIMITES, RAIVA E INJUSTIÇA SÃO SENTIMENTOS CONSTANTES EM SUA VIDA QUE O FARÃO ALIMENTAR RANCOR.

NÍVEL 3: O NARCISISTA, O MAIS PESADO DO DESEQUILÍBRIO YANG. A PESSOA ESTÁ PRESA EM MUITAS MÁSCARAS E SOMBRAS. SE TORNA TOTALMENTE FRIA, EGOÍSTA E NÃO CONSEGUE PENSAR NO OUTRO. SEGUE PROCURANDO QUESTÕES MATERIAIS PARA SUPRIR SEU VALOR E, QUANDO ALGO NÃO A AGRADA, DIMINUI O OUTRO, DESRESPEITA, INTIMIDA, AMEAÇA, ABUSA E PODE ATÉ SE TORNAR AGRESSIVA E TOTALMENTE PERVERSA, DEPENDENDO DA INTENSIDADE E DA GRAVIDADE DE COMO SE DESENVOLVEU NA INFÂNCIA. UTILIZA DA FRAQUEZA DO OUTRO PARA JOGAR NA CARA, MANIPULAR E CONSEGUIR O QUE QUER. CONQUISTA A PESSOA E DEPOIS REJEITA PARA QUE ELA CORRA ATRÁS E ISSO ALIMENTE A SUA VAIDADE. CRITICA, RIDICULARIZA, MENOSPREZA E HUMILHA PARA GANHAR PODER SOBRE OS OUTROS. USA TANTO DE GUERRA PSICOLÓGICA QUANTO AGRESSÃO FÍSICA. ABERTAMENTE CONTROLADORA, DOMINADORA, ARROGANTE, AGRESSIVA E COMPETITIVA, DESTRÓI

> QUALQUER UM QUE TENTA ATRAPALHAR O SEU CAMINHO. NÃO PERDOA, NÃO RECONHECE QUE ERRA E É VINGATIVA.

Resumindo, a maior sombra do desequilíbrio do feminino é a manipulação e a do masculino é o narcisismo. E por que é importante ter a compreensão desses comportamentos nas relações amorosas?

Quando estamos com as energias em desequilíbrio, temos tendência a buscar a energia oposta naqueles com quem nos relacionamos, mas, mais que isso, vamos acabar atraindo pessoas que também apresentam desequilíbrio de polaridade. Por exemplo, um homem com nível 3 de desequilíbrio de energia Yin tenderá a se sentir atraído por mulheres com o mesmo nível da energia Yang. O mesmo vale para os outros níveis. Ou, então, a sua compensação: uma mulher no nível 1 do desequilíbrio da energia Yang pode atrair um homem no nível 3 do desequilíbrio Yang e vice-versa.

Muitas mulheres com excesso de energia masculina no nível 2 atraem homens fracos e carentes com desequilíbrio de energia feminina no nível 1 e se tornam mães desses parceiros, triplicando os afazeres da vida, alimentado a necessidade de salvar o parceiro. Ou atraem homens com excesso de Yang e vivenciam um relacionamento agressivo e cheio de atritos e brigas. O perigo disso é que, quando duas pessoas com excesso de Yang no nível 3 se atraem e se relacionam, os relacionamentos podem se tornar tóxicos, pesados e até violentos, porque um simplesmente não consegue se colocar no lugar do outro.

Um homem carente no nível 1 da energia Yin pode procurar mulheres com excesso de energia masculina no nível 3 e que vão se aproveitar dele. E ele seguirá repetindo traumas, revivendo ciclos e não conseguindo sair dessas repetições, até que procure equilibrar as próprias energias internas.

E se ambos têm a energia Yin em excesso, certamente estamos falando de um relacionamento de muita dependência emocional e manipulação. Eles se sustentam e se alimentam pelo sofrimento e dor um do outro e, com o tempo, isso vai sufocando cada um porque eles não se deixam ter vidas e vivem em função do outro, perdendo a si mesmos e quem eles são na essência.

Por outro lado, uma pessoa com equilíbrio da energia Yin é carinhosa, paciente, gentil, nutridora, empática, se coloca no lugar do outro e tem a comunicação não violenta. Ela conecta, seduz, se ama e é amada.

Uma pessoa com equilíbrio da energia Yang coloca limites claros, respeita a si mesma e ao outro, conquista e vai atrás dos seus sonhos sem esperar que ajam por ela, é independente financeiramente, tem propósitos profissionais, dá e recebe na mesma proporção, fazendo pelo outro na medida que recebe. Ela comanda a sua vida com maestria, valor e se posiciona com elegância no mundo.

Uma pessoa com equilíbrio Yin-Yang se relaciona a partir da interdependência. Já as pessoas com desequilíbrios Yin-Yang são dependentes emocionais ou egoístas. Nos relacionamentos equilibrados, o que vemos é a interdependência, ou seja, não se depende do outro, não se vive para o outro, mas se vive com o outro e, juntos, ambos caminham, compartilham e evoluem. Cada um é feliz por dentro, conhece seus propósitos, ama a si mesmo e transborda amor. Não depende da aprovação do outro, tem uma carreira feliz e ama o que faz, mas sem se esquecer das necessidades da energia Yin. Em uma relação assim, os dois são doces, carinhosos e fortes, criativos e intuitivos. Vivem o seu melhor e o compartilham com o outro sem se anular e sem depender.

Nessas relações, os limites são claros e ninguém se limita para caber. Cada um faz coisas que são importantes para o outro, sem anular as próprias necessidades. Não cobram elogios nem afetos; afinal, troca e reciprocidade lhes são naturais. Os dois vivem no próprio centro, se posicionam com conexão e empatia e não ficam onde a alma não vibra ou onde há desrespeito.

CAPÍTULO 2

Entendendo as nossas faltas

Um dos sintomas mais comuns que surgem quando algo não vai bem dentro da relação é a angústia no peito, que é um sinal do seu corpo. E se algo não está bem, você deve primeiro olhar para o seu interior e identificar em que momento pode ter criado expectativas a mais ou não ter enxergado o outro com a devida clareza. Será que você está comunicando claramente o que espera do seu parceiro?

A maioria das pessoas que carregam as faltas da infância não costuma saber como dizer verdadeiramente o que quer. Assim, passam a tentar fazer com que o outro faça o que esperam, quase de maneira manipuladora, mesmo que por vezes isso aconteça de modo inconsciente. Não é simplesmente dizer "mude, seja diferente", é preciso aprender a comunicar o que se espera de uma relação sem que isso seja um peso carregado de traumas e inseguranças.

Só que, muitas vezes, nós expressamos nossos gostos e desgostos, e o outro continua agindo de um jeito que nos desagrada, de modo que desrespeita os nossos limites. Mas seguimos ali, esperando que a situação mude, mas nada acontece. Mas precisamos ter consciência de que a comunicação cabe a nós, e ao outro cabe aceitar ou não.

Na maioria das vezes, a angústia que sentimos não tem exatamente a ver com o que o outro fez ou deixou de fazer, mas, sim, com o que nós estamos projetando, aceitando ou deixando de transmitir com clareza. Precisamos passar a encarar essa angústia como um sinal de que algo precisa ser revisto, porque é a partir dela que começamos a nos desequilibrar.

É importante deixar claro que cada pessoa se desequilibra de um jeito diferente, sendo que algumas podem até parar de se expressar. Quando sentimos angústia dentro de uma relação desequilibrada, o mais provável é que passemos a apresentar comportamentos de defesa, que normalmente são:

- *Distanciamento:* a pessoa se distancia totalmente e se torna indisponível emocionalmente, fazendo com que o relacionamento não vá adiante.
- *Raiva:* a pessoa enraivecida pode começar a cobrar, exigir, tentar controlar e investigar a vida do outro, entrando em modo de perseguição. Pode se tornar ciumenta ou começar a criar problemas que não existem.
- *Submissão:* é quando a pessoa tenta agradar a qualquer custo, procura se tornar alguém perfeito para o outro, faz de tudo para não o perder e acaba aceitando abusos sem percebê-los.
- *Frieza:* é no mecanismo de frieza que as pessoas passam a ser agressivas, a tentar diminuir o outro e a abusar dele numa tentativa de se proteger dos próprios sentimentos.

Acompanhei um caso de uma paciente que tinha a submissão bem nítida e evidente enquanto resposta de defesa. Todas as vezes em que ela começava a se relacionar, vivia paixões avassaladoras e ficava verdadeiramente cega para enxergar quem eram as pessoas de verdade. Ao mergulhar de cabeça nas relações, sem estar preenchida de si mesma e sem ter um propósito que preenchesse sua alma, as paixões funcionavam como uma droga para anestesiar o vazio interior.

Nesse "se jogar de cabeça", ela era tomada por essa energia da paixão – a energia Eros – e não conseguia mais pensar de maneira

Não é simplesmente dizer "mude, seja diferente", é preciso aprender a comunicar o que se espera de uma relação sem que isso seja um peso carregado de traumas e inseguranças.

@robertacalderini

racional. Assim, cada vez que ela sentia que a pessoa com quem estava se relacionando não parecia tão disponível quanto esperava, ela acionava esse mecanismo de defesa. Às vezes, a pessoa estava apenas trabalhando e demorava um pouco mais para responder, mas isso era o suficiente para que essa paciente começasse a sentir a angústia de talvez não ser correspondida.

A sensação de angústia costuma nos remeter aos sentimentos de abandono e rejeição e, principalmente, ao medo da solidão. Afinal, qual é o maior medo de um ser humano dentro de um relacionamento amoroso? O medo de ficar sozinho. Portanto, para ela, se fosse rejeitada, cairia no medo da solidão. Esses sentimentos estão diretamente conectados com a sensação de abandono.

Essa paciente, logo nas primeiras semanas de relação, começava a cuidar do parceiro como uma mãe: lavava as roupas, limpava a casa, fazia comida e deixava marmitas prontas para ele. Ao entrar no modo de submissão, ela não enxergava mais o que o parceiro fazia por ela e insistia em superagradá-lo, tentando mostrar uma importância excessiva para não sentir aquela dor. Por ser um mecanismo compulsivo, a cada vez que sentia dor, buscava fazer cada vez mais pelo parceiro.

Quando ela chegou em meu consultório, me contou que só percebeu aonde tinha chegado depois de acordar em um domingo de manhã ao lado do parceiro e se levantar antes dele para limpar todas as janelas da casa de dois andares. Imagine a surpresa dele ao levantar e vê-la em cima de uma escada logo cedo em um domingo, que deveria ser de descanso e aconchego do casal.

Para entender melhor esses comportamentos que atrapalham as relações, é interessante que você conheça a teoria dos setênios. Ela é derivada da Antroposofia, uma doutrina filosófica e mística, criada no início do século XX pelo filósofo, epistemólogo, educador e artista austríaco Rudolf Steiner, também fundador da pedagogia Waldorf.[6]

---

[6] Para conhecer mais sobre a pedagogia Waldorf, acesse: https://ewrs.com.br/pedagogia-waldorf/. Acesso em: 06 nov. 2023.

A teoria dos setênios[7]

Ao longo da vida, passamos por ciclos de desenvolvimento psíquico e emocional a cada sete anos. Essas fases deveriam acontecer de forma fluida, fruto de um desenvolvimento saudável e sem grandes faltas, principalmente no primeiro setênio.

O problema é que, quando um setênio não é concluído da maneira como deveria, as faltas que sentimos são carregadas para os setênios seguintes, gerando problemas de um para o outro. De forma resumida, por exemplo: a falta de amor do primeiro setênio gera dependência emocional, que se estende aos setênios seguintes; a falta de aprovação nos primeiros setênios causa a necessidade de aprovação nos setênios seguintes; a falta de pertencimento provoca anulação de si para pertencer nos setênios seguintes.

Abaixo, descrevo algumas fases desse desenvolvimento:

- ***0 aos 7 anos:*** a criança começa a se descobrir enquanto eu no núcleo familiar. Ela necessita receber amor e atenção em tempo integral para se sentir segura.
- ***7 aos 14 anos:*** a criança começa a se descobrir perante o mundo, mas ainda junto à própria família. Ela precisa se sentir importante na família para se sentir importante perante o mundo.
- ***14 aos 21 anos:*** o adolescente começa a se desprender dessa família e a se enxergar como um ser único para o mundo, mas ainda está no processo de desprendimento.
- ***21 aos 28 anos:*** o adulto passa finalmente a se ver como um eu individualizado. É nessa fase que a pessoa começa a compreender a própria individualidade sem os pais.
- ***28 aos 35 anos:*** a pessoa passa a buscar uma construção sólida perante aquilo que formou enquanto indivíduo.

---

[7] HUBACK, R. Teoria dos setênios: o ciclo e as transformações ao longo da vida. **IBND**, 6 ago. 2023. Disponível em: https://www.ibnd.com.br/blog/teoria-dos-setenios-o-ciclo-e-as-transformacoes-ao-longo-da-vida.html. Acesso em: 14 nov. 2023.

- ***35 aos 42 anos:*** é quando surge a necessidade profunda da alma de ter uma família formada e de se sentir bem estruturado.
- ***A partir dos 42 anos:*** a pessoa deve estar bem estruturada no amor, no trabalho e na vida; a partir disso, começa a sentir a necessidade de ter um propósito existencial, para além das conquistas materiais. É aqui que o desenvolvimento espiritual começa a ganhar força.

A cada setênio, a tendência é buscarmos estruturas mais sólidas e, principalmente a partir dos 35 anos, passamos a desejar cada vez mais essa estrutura familiar para que, no setênio seguinte, estejamos o mais estruturados possível. A partir dos 42 anos, o foco começa a ser a busca por um sentido existencial e esse sentido costuma ter muita relação com o desenvolvimento da família.

O primeiro setênio costuma ser o mais importante de todos eles, porque é ali que se forma a referência do que é ser amado em uma relação. E é a partir dessa referência que o cérebro começa a fazer os registros do que é um relacionamento. É nessa fase também que se forma, de maneira inconsciente, o que é o padrão de como deve ser um relacionamento.

No primeiro setênio, a criança tem necessidades narcisistas, inclusive de ser amada, admirada, valorizada e importante para a família. Essas necessidades, quando supridas na infância, formam o seu senso de merecimento, amor-próprio, importância e pertencimento. Aos 21 anos, no fim do terceiro setênio, forma-se a estrutura psíquica. Quando ela recebe o suprimento necessário a cada setênio, ela se torna individualizada e completa, em vez de viver carente e pedinte de amor e de validação do outro. Ela é fonte de amor e propósito para o mundo ao redor.

Já a falta de amor, atenção e elogios no primeiro setênio faz com que a pessoa busque o amor e a aprovação dos pais nos outros, usando os parceiros como suprimento dessa falta de amor e aprovação, sendo essa a raiz da dependência emocional.

ENTENDENDO AS NOSSAS FALTAS

Ou seja, tudo aquilo que fica ali mal resolvido – como os pais brigando e essa criança sentindo que não pertence àquele meio – vai formando a referência de relacionamento e amor. Então, ao viver nesse lar cheio de conflitos, se tem um pai com problema de alcoolismo, por exemplo, ou se a mãe é desequilibrada psiquicamente, nervosa, instável, ansiosa ou algum deles tem um transtorno de personalidade (como o *borderline*, narcisismo ou codependência), a criança cresce num lar disfuncional e vai carregar toda essa desestrutura por setênios mais avançados.

A família é a base de tudo. Se a criança cresce em um ambiente disfuncional e sem referências de relações saudáveis, quando chega no segundo setênio e começa a precisar se posicionar perante os colegas e amigos da escola, por exemplo, ela já entra nessa fase com baixa autoestima e com a sensação de exclusão e rejeição. E essa é uma fase importantíssima para o desenvolvimento da nossa autoestima, que nos acompanhará por toda a vida.

Se a baixa estima de si se prolonga até a adolescência, os problemas só se agravam e se transformam em insegurança e incertezas. Principalmente considerando que esta é uma fase em que começam os questionamentos sobre a profissão que se pretende seguir e como somos vistos dentro de um possível relacionamento amoroso. Se a pessoa for muito carente, por exemplo, pode passar a aceitar todo o tipo de afeto para suprir essa carência.

Sempre brinco que a adolescência é o nosso "acerto de contas" com o primeiro setênio e, geralmente, o nosso primeiro parceiro nessa fase já começa a mostrar o quanto aquele lar disfuncional impactou nosso desenvolvimento. É na adolescência que começamos a nos sentir desejados, amados e vistos por alguém fora da nossa família, com um olhar diferente do dos pais. Enquanto as crianças amam de maneira incondicional, na fase adolescente, o amor já passa a impor condições, e sentimos essa necessidade de agradar o outro para nos sentirmos amados. É aqui que desenvolvemos as primeiras expectativas e essa necessidade de que a outra pessoa as supra.

O amor romântico é um compartilhar e caminhar junto, é uma decisão do casal e que precisa ser construída e lapidada diariamente.

@robertacalderini

Não quero dizer com isso que devemos culpar nossos pais por tudo. Na grande maioria das vezes, eles fizeram o possível com o que tinham em mãos, às vezes precisavam trabalhar muito e não puderam estar presentes, às vezes sentiram vazios gigantes dos quais não souberam cuidar e preencher. O que quero que você perceba é que você pode encontrar a sua cura interior para ser feliz nas suas relações, mas também para evitar que esse tipo de comportamento se replique por outras gerações. Lembre-se: lares disfuncionais criam pessoas disfuncionais.

Nós projetamos em nossos parceiros as faltas da nossa infância, buscando o que não recebemos, e ficamos presos nessa roda negativa até que nosso vazio interior seja preenchido. Amamos de maneira imatura porque nossa criança interior está carente de amor incondicional e agimos dessa maneira imatura justamente porque é essa criança que quer atenção e caprichos.

No universo, estamos todos conectados por frequências, e enquanto estivermos adoecidos, revivendo traumas e faltas, principalmente aquelas do primeiro setênio, continuaremos a atrair situações que nos fazem olhar para essas feridas de novo e de novo, até que sejam curadas de vez.

O amor romântico

Começamos a experimentar o amor romântico no fim do segundo setênio. Algumas crianças são mais precoces, e a partir dos 12 anos, já começam a sentir o despertar desse desejo. Nessa fase, começa a surgir a primeira desconexão com os pais e com a família, justamente por estarem próximas da virada de setênio. É aqui que começamos a nos desconectar do nosso primeiro amor (pai/mãe) para começar a viver o amor romântico.

Mas, afinal, o que é o amor romântico? É o amor entre um casal que não compartilha o mesmo sangue, em que se começa a desenvolver afeto, carinho, contato, vínculo, parceria, companheirismo e proteção, na tentativa de encontrar aquela pessoa que vai caminhar conosco ao longo da vida. É com essa pessoa que buscamos construir nossa base sólida e a família.

Aqui, é importante dizer ainda que existem três tipos de amor: o paternal, o romântico e o universal. Enquanto o amor romântico é consequência do primeiro amor (paternal), ele também impacta no terceiro amor (universal). Assim, a pessoa que vive em um relacionamento saudável consegue estar inteira para tudo na vida. Inclusive para que, depois, em uma idade mais avançada, ela possa entrar em comunhão com esse amor divino. E é nesse amor divino que a pessoa vai encontrar as ferramentas para chegar à velhice sem sentir o peso de envelhecer.

Outro ponto que precisamos compreender também é que, apesar de o amor romântico, muitas vezes, ter início na sexualidade, na sedução, no desejo, nos hormônios ou na simples vontade de se ter alguém, ele inevitavelmente segue para o companheirismo, a amizade, o afeto, o carinho, o respeito, o caminhar junto, a estrutura sólida e a composição da família.

Diariamente, estamos expostos a representações do amor romântico em filmes, músicas, séries e até mesmo nas relações das pessoas que conhecemos ou que acompanhamos nas redes sociais. Muitas dessas representações podem nos fazer acreditar que o amor romântico precisa ser sofrido para valer a pena ou que é preciso provar esse nosso amor com demonstrações e reafirmações constantes.

Os meios de comunicação reforçam os amores românticos como contos de fadas, e corremos o risco de ficar presos na expectativa de encontrar nossa alma gêmea, príncipe encantado ou amor da vida. E eu sinto informar, mas nada disso existe. O amor romântico é um compartilhar e caminhar junto, é uma decisão do casal e que precisa ser construída e lapidada diariamente. Esse caminhar junto nem sempre é simples, e a estrada é cheia de desafios, principalmente se não há equilíbrio nas expectativas.

No universo, estamos todos conectados por frequências.

@robertacalderini

PARTE 2

Curar-se primeiro

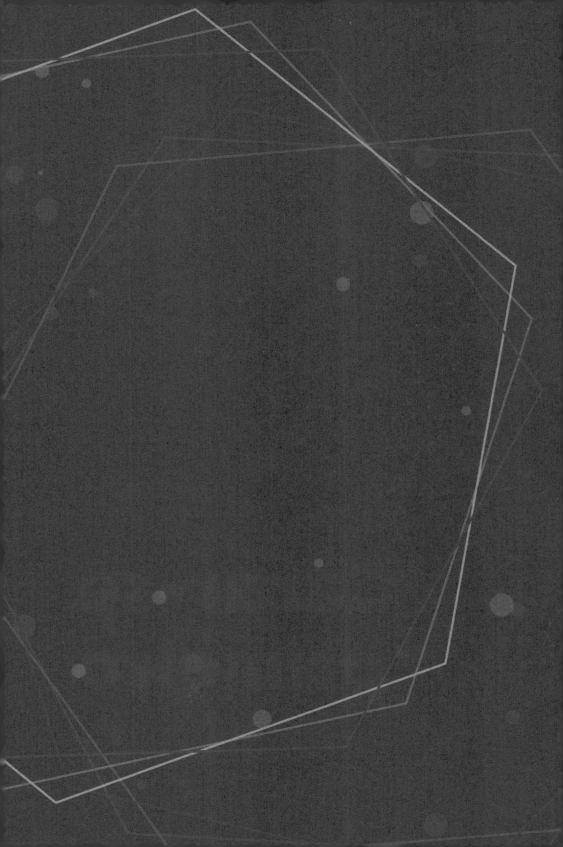

CAPÍTULO 3

A felicidade individual

Sabe aquela famosa frase que atribuem a Einstein: "insanidade é continuar fazendo sempre a mesma coisa e esperar resultados diferentes"?

É disso que vamos tratar agora. Não faz sentido insistir em procurar fora algo que está dentro. É preciso compreender a raiz dos nossos problemas para que possamos começar a curar a dor que carregamos e que destrói a nossa vida amorosa.

Você sabe ser feliz mesmo se não estiver em um relacionamento? Ou acredita que procurar fazer o que gosta e se agradar é ser egoísta e negligenciar as relações? Quero que você saiba que, quando buscamos a felicidade individual, aprendemos a nutrir a nossa alma, e é a partir dessa alma preenchida que passamos a vibrar na nossa melhor frequência.

Acredite, quando você começa a seguir a sua própria caminhada e decide compartilhar sua vida, seu propósito, sua felicidade, seu crescimento e sua evolução intelectual com alguém, as relações se constroem com maior fluidez.

Chamo de voz do amor toda energia interna e positiva que nos convida a cuidar de nós mesmos. Amor é nutrição, é acolhimento, é gentileza e coragem. É a força essencial e divina que nos motiva. E se precisamos estar equilibrados internamente para que possamos nos relacionar de maneira madura e consciente, precisamos, antes de mais nada, aprender a escutar essa voz do amor e esse chamado para priorizarmos o amor que sentimos por nós mesmas: o amor-próprio.

Quando falo desse amor, é importante ressaltar que ele vai muito além de estarmos satisfeitas com a nossa imagem estética. Amor-próprio tem a ver com a nossa confiança interna, o combustível para que tenhamos sucesso em todas as áreas da vida. Assim, quem se prioriza tem autoestima e autoconfiança, tem tudo aquilo de que precisa para não viver em função do outro e sabe encontrar a felicidade em si e na evolução da alma.

O amor-próprio traz luz para as relações porque traz a inteireza. Quem encontra tudo em si não projeta no outro expectativas irreais e consegue praticar a independência. E, a partir dela, consegue ter uma relação com interdependência: aquela em que você compartilha o seu melhor com o outro e vocês crescem juntos porque estão completos. Mas, afinal, o que fazer para resgatar esse amor quando ele parece não estar presente?

Aqui, é preciso uma informação valiosa: quando nascemos, nossa alma é puro amor. Se todos somos fractais de Deus, é porque Ele transbordou amor nessa alma para que cada um de nós estivesse aqui. E essa alma, por sua vez, transborda o amor dela no outro e, assim, consegue estar inteira em uma relação: amar e ser amada, sem colocar a própria vida nas mãos do outro. Ela se sente inteira em si mesma.

Como vimos antes, o que acontece é que, na infância, quando não nos sentimos amados pelos olhos de nossos pais, acabamos nos desconectando dessa abundância divina e deixamos que nossa formação psíquica domine a forma como conduzimos nossa vida.

Uma coisa que sempre repito para meus pacientes é: a alma não negocia valor. Nossa alma simplesmente é. E assim como um cachorro não se preocupa em ser melhor que o outro, nossa alma também não. O que negocia o nosso valor é a nossa formação psíquica que foi desvalorizada e sente constantemente que precisa de validação – é a nossa sombra assumindo o controle.

A FELICIDADE INDIVIDUAL

Quando estamos no poder da alma e da nossa essência, não negociamos nosso valor. Sabemos nos posicionar com abundância perante o mundo e temos convicção de quem somos e do quão grande é o nosso amor-próprio: "Eu me amo, eu reconheço meu valor e sei da minha inteireza". Reconhecemos que somos adultos e que não precisamos ser carregados – como uma criança – por ninguém.

Cada pessoa é única e cada um é incrível em sua própria beleza interior. Ninguém é inferior ou superior a ninguém, e cada um de nós carrega uma grande magnitude. Aqueles que tiveram pais emocionalmente maduros se sentem suficientes e capazes de tudo, porque os pais souberam direcionar e ensinar como simplesmente ser e existir. A educação positiva na infância ensina coragem, confiança e autenticidade. Ensina que ninguém precisa ser perfeito porque é justamente com os erros que se aprende, ensina que não é preciso se cobrar tanto nem exagerar na autocrítica, porque todos somos luz. Somos bem-vindos, amados e valorizados em nossa existência.

Mas se esse não foi o seu caso, saiba que é perfeitamente possível mudar a partir de agora. O fato de não ter vivenciado isso nos primeiros setênios não quer dizer que você precisa arrastar o que tem repetido até aqui para os próximos anos da sua vida. Reconhecer que esse amor que tanto procuramos já está em nós é o primeiro passo para resgatarmos o amor-próprio. Por isso, enfatizo tanto a importância de compreender e reconhecer verdadeiramente qual é a nossa essência. E aqui não falo dos nossos gostos pessoais e particularidades que nos caracterizam, mas, sim, da essência divina que está presente em cada um de nós.

Nossa essência é o amor em abundância. É a manifestação do espírito na matéria. Deus está materializado na vida a partir de nós, porque somos um fractal dEle. E se Deus é amor, saúde e abundância, é isso que somos também. Ele se manifesta na matéria a partir do nosso propósito, da nossa voz no mundo, dos nossos dons e das qualidades que expressamos na matéria, mas, em essência, todos somos iguais e viemos do mesmo lugar: Deus. Parte do amor-próprio é aprender a se reconhecer como uma fração da grande fonte e da grandeza divina.

Quando reconhecemos essa abundância, o amor e a grandeza que somos, não tem como isso não ser manifestado também em nossas vidas. Precisamos resgatar essa essência porque nos desconectamos dela e passamos a acreditar que somos os problemas. Passamos a nos identificar com a doença, com a escassez, com a rejeição, com o abandono e com a dor. Acreditamos que a realidade é essa, mas não é.

Uma prática que sempre recomendo para quem quer começar a se libertar das mentiras da nossa formação psíquica é o Ho'oponopono. No livro *Limite zero*,[8] a dupla de autores ensina como é possível desarmar alguns programas mentais automatizados e que colocamos em ação sem nem nos darmos conta disso. A técnica é capaz de remover alguns obstáculos mentais, deixando a mente livre para novas perspectivas. Por isso, trago-a aqui como uma ferramenta para reconhecer a nossa pura essência.

O Ho'oponopono é uma antiga prática havaiana de reconciliação e perdão. Originalmente, era usada para resolver disputas familiares, mas hoje em dia tem sido adotada por muitos como uma ferramenta de autocura e autoaperfeiçoamento. A prática moderna do Ho'oponopono é frequentemente associada a quatro frases simples:

1. Sinto muito (Reconhecimento e arrependimento).
2. Por favor, me perdoe (Pedido de perdão).
3. Eu te amo (Expressando amor e gratidão).
4. Obrigado (Agradecendo ao Universo, à Divindade ou à própria situação).

A ideia é que, ao repetir essas frases, você esteja assumindo a responsabilidade por suas ações, pensamentos e emoções, buscando uma limpeza mental e emocional. Acredita-se que, ao limpar

---

[8] VITALE, J.; LEN, I. H. **Limite zero**: o sistema havaiano secreto para prosperidade, saúde, paz e mais ainda. 1. ed. Rio de Janeiro: Rocco, 2009.

memórias e pensamentos negativos, você pode criar espaço para a cura, paz e equilíbrio em sua vida.

A prática pode ser feita em relação a uma pessoa específica, a si mesmo ou a uma situação que esteja causando desconforto. Não há regras estritas sobre como ou quando praticar. Algumas pessoas recitam as frases em meditação, enquanto outras podem repeti-las mentalmente durante o dia.

O Ho'oponopono é uma ferramenta de purificação interna que visa restaurar o amor e a paz no indivíduo e em suas relações.

Se a nossa essência é amor e pureza, vale a pena dizer que é normal que, conforme vamos envelhecendo, nos tornemos cada vez mais duros e rígidos. A vida nem sempre é fácil e, se estivermos desatentos, podemos nos desconectar da nossa capacidade de amar. Por isso, gosto tanto da frase: "É preciso renascer a todo momento para a ternura que se perde". A ternura é um estado emocional de afeto, cuidado, carinho, amor e compaixão; é uma maneira de conexão emocional que está sempre presente nas relações saudáveis. Se a prática do Ho'oponopono auxilia a nos manter no estado de amor e ternura, então por que não sermos mais amáveis com nós mesmos?

As síndromes do amor ferido

Se você já teve um ou mais relacionamentos amorosos, sabe que nem sempre é fácil saber onde está errando, ou mesmo se está errando. Mas pensar sobre isso é muito importante quando você está se analisando e se preparando para começar uma nova relação de modo inteiro, sem dependências emocionais e cientes de quem é.

Agora descreverei alguns comportamentos nocivos para as relações amorosas. Caso você se reconheça em alguns deles, é sinal de que precisa encontrar a sua cura interior e cuidar desses comportamentos repetitivos para viver melhor com consigo mesma e com o seu parceiro.

Síndrome do bonzinho:[9] geralmente acontece com pessoas que, durante a infância, eram constantemente reprimidas quando tentavam pedir algo. Essa repressão poderia vir em forma de um castigo, de uma violência moral ou até física. Eram as crianças que ouviam com frequência que deveriam ficar quietas, que não tinham escolha e que precisavam fazer o que os pais mandavam ou que precisavam obedecer e serem boazinhas, caso contrário, não seriam amadas.

Na vida adulta, quem conviveu com isso cresce com um incessante sentimento de culpa, aceitando de tudo e tentando agradar a todos. Em alguns casos, até a voz permanece infantilizada, e essas pessoas sentem uma dificuldade enorme para impor limites e expressar o que desejam. Pessoas boazinhas demais geralmente não têm autenticidade e não sabem como ter atitude e acessar a própria força interior. Elas não percebem que, a cada "sim" que falam para os outros na tentativa desesperada de se sentirem amadas, na verdade, estão falando "não" para si mesmas.

Quem sofre disso tem muita dificuldade em dizer não, mas não basta dizer não em reconhecimento ao que não se quer. Precisam se reconhecer como prioridade e se posicionar a partir de uma força interna, e não de uma postura "boazinha". A síndrome do bonzinho traz uma submissão perigosa, passível de abusadores e aproveitadores, e quem sofre dela corre o risco de cair no papel de vítima.

Síndrome do salvador:[10] as pessoas que sofrem dessa síndrome costumam vir de um lar disfuncional em que presenciaram um grande sofrimento do pai ou da mãe, às vezes até de ambos, fazendo com que sentissem uma enorme responsabilidade para com os pais. Por exemplo, em um lar em que o pai tem problemas com alcoolismo e a mãe acaba pedindo a ajuda da filha para fazer o papel

---

9 O termo "síndrome do bonzinho" surgiu do livro *No more mr. nice guy: a proven plan for setting what you want in love, sex, and life.* de Robert A. Glover, publicado pela Barnes & Noble Digital.

10 A síndrome do salvador surgiu a partir de um conceito psicológico chamado Síndrome do Cavaleiro Branco, criado pelas psicólogas Mary C. Lamia e Marilyn J. Krieger no livro *The white knight syndrome: rescuing yourself from your need to rescue others*.

de mediadora e buscar o pai no bar. A criança acaba assumindo um papel de salvadora da casa, procurando confortar a mãe, que está desequilibrada e chora na frente dela.

Pais infantis sobrecarregam os filhos com seus desequilíbrios emocionais e fazem com que a criança assuma responsabilidades que não deveria e que, mais tarde, se transformam na síndrome do salvador. A pessoa que sofre disso tende a querer ajudar a tudo e a todos, nunca diz não e sente que precisa acudir e amparar constantemente. Ajuda a família, os amigos e é extremamente prestativa no trabalho, o que faz com que cresça muito na própria carreira, muitas vezes se transformando no "arrimo de família" ao sustentar qualquer parente e quem mais precisar.

Os salvadores se sacrificam por todos, tentam resolver problemas que não são seus e não conseguem ser felizes. Nos relacionamentos, costumam se sentir atraídos por pessoas adoecidas, fragilizadas, viciadas ou com problemas, na tentativa de salvá-las. É uma forma de manipulação inconsciente, já que a intenção é sentir que têm algum valor para serem amados e desejados.

Síndrome do impostor:[11] as pessoas que sofrem desta síndrome costumam agir em um desequilíbrio emocional por não ter se sentido bom o bastante durante a infância, quem sofre dessa síndrome cresce não sabendo validar a si mesmo. São adultos que acabam não assumindo os próprios méritos pelo que fazem ou, pior, transferem esses méritos para outras pessoas. Colocam os demais em um pedestal e acreditam que os outros são sempre melhores que eles. Sentem uma profunda necessidade de competir e, ao mesmo tempo, se colocam como inferiores, diminuindo a potência que têm. A todo momento sentem que alguém vai julgá-los ou criticá-los, então, quando precisam promover ou divulgar o próprio trabalho, por exemplo, sentem-se completamente paralisados e adiam o que

---

[11] Síndrome do impostor, termo usado pela primeira vez em 1978 pelas psicólogas Pauline Clance e Suzanne Imes, remete ao sentimento de ser uma fraude. Para saber mais, acesse: BLANCO, M. P. Síndrome do impostor: sintomas, como diagnosticar e tratamento. 20. out. 2022. **Psitto**. Disponível em: https://www.psitto.com.br/blog/sindrome-do-impostor-sintomas-e-tratamento/. Acesso em: 30 out. 2023.

precisam fazer. São procrastinadores porque ou duvidam de si e hesitam na hora de agir, ou porque exigem um perfeccionismo absurdo de tudo que pretendem fazer. Não assumem quem são e não se posicionam com a voz de quem são.

Quando alguém que sofre dessa síndrome atrai alguém que é narcisista, tem seu brilho cada vez mais apagado por este manipulador, que se aproveita dela e de tudo o que ela faz. Isso é muito comum no ambiente de trabalho, principalmente quando um chefe ou colega se aproveita dos seus méritos e os toma para si. Se você sofre disso, não se impõe e não reivindica o que é seu – e pior, se também tiver traços da síndrome do salvador –, pode até achar que está fazendo bem e ajudando os outros.

É perfeitamente possível apresentar mais de uma síndrome ao mesmo tempo, com alguns traços mais fortes e outros menos evidentes. São mecanismos psíquicos e inconscientes. Você assume papéis para sentir que pertence, que tem valor e que é amada. Só que, na verdade, esses mecanismos desestruturam e desestabilizam cada vez mais e, por fim, passam a não funcionar, fazendo com que você se sinta cada vez mais perdida, exausta e infeliz.

Identificando as feridas e máscaras

No livro *As cinco feridas emocionais*,[12] Lise Bourbeau aponta cinco feridas que trazemos da infância como a origem dos nossos problemas de ordem física, emocional e mental. Para a autora, na tentativa de fazermos com que essas dores desapareçam, escolhemos utilizar máscaras para que não fiquemos tão vulneráveis.

---

[12] BOURBEAU, L. **As cinco feridas emocionais**: como superar os sentimentos que impedem a sua felicidade. 2. ed. Rio de Janeiro: Sextante, 2020.

A FELICIDADE INDIVIDUAL

No entanto, quanto mais recorremos a elas, mais nos distanciamos de quem somos de verdade.

Pensando nisso, a seguir trago um pouco de cada ferida e de cada máscara a que costumamos recorrer para lidar com essas dores. Assim, você poderá identificar com maior clareza quais tem utilizado e procurar curar sua dor de origem da infância para libertar o seu verdadeiro *eu* do uso delas.

FERIDA DA REJEIÇÃO: ACONTECE QUANDO, NA INFÂNCIA, AS PESSOAS SE SENTEM INVALIDADAS, NÃO ACEITAS OU EXCLUÍDAS PELA FIGURA PARENTAL DO MESMO SEXO. RESULTA EM INSEGURANÇA, DISTORÇÃO DA IMAGEM PESSOAL, NECESSIDADE DE APROVAÇÃO CONSTANTE, DE SEREM ACEITAS OU AMADAS PELOS OUTROS. DEVIDO A UMA ENORME INSEGURANÇA, INDIVÍDUOS COM ESSA FERIDA RECORREM À MÁSCARA DA INVISIBILIDADE, POR MEDO DE NÃO SEREM ACEITOS. INCONSCIENTEMENTE, TENTAM PASSAR DESPERCEBIDOS E SENTEM-SE INEXISTENTES E INVISÍVEIS, ATRAINDO CONSTANTEMENTE A REJEIÇÃO.

FERIDA DO ABANDONO: ACONTECE QUANDO, NA INFÂNCIA, AS PESSOAS SENTEM QUE ESTÃO SENDO DEIXADAS OU ABANDONADAS PELA FIGURA PARENTAL DO SEXO OPOSTO. POR MEDO DO ABANDONO, HÁ DIFICULDADE DE ESTABELECEREM RELACIONAMENTOS SAUDÁVEIS, ABANDONANDO A SI MESMAS E PRIORIZANDO O OUTRO. QUEM SOFRE COM ISSO DESENVOLVE DEPENDÊNCIA EMOCIONAL SENTE-SE IMPOTENTE E DEPENDENTE DE UM PARCEIRO NA INTENÇÃO DE QUE ESTE FAÇA POR ELA O QUE NÃO RECEBEU DO PAI/DA MÃE NA INFÂNCIA. TEM UMA GRANDE DEPENDÊNCIA DE APROVAÇÃO EXTERNA PARA SE SENTIR SEGURO, NÃO CONSEGUE TOMAR DECISÕES POR CONTA PRÓPRIA E PODE SE SENTIR INCAPAZ DE GERENCIAR A PRÓPRIA VIDA.

FERIDA DA HUMILHAÇÃO: ACONTECE QUANDO, NA INFÂNCIA, AS PESSOAS SE SENTEM DESPREZADAS, DIMINUÍDAS OU envergonhadas por um cuidador: os pais, os avós, as babás ou os professores. Pode resultar em autocrítica exagerada, necessidade de validação externa e dificuldade de serem autênticas. Indivíduos com essa ferida sentem vergonha e um enorme medo do julgamento, acreditando que estão sendo constantemente observados e julgados. A máscara a que recorrem é o masoquismo: eles se autodestroem com compulsões e depois, envergonhados, se culpabilizam. Desculpam-se mesmo quando não erram e sentem culpa constante.

FERIDA DA TRAIÇÃO: é fruto da ferida do abandono, acontece quando, na infâncias, as pessoas sentem que, além do abandono pela figura parental do mesmo sexo, a confiança delas foi quebrada de alguma maneira. Por exemplo, uma garotinha tentou ser boazinha para receber amor do pai, não recebeu, sentiu-se abandonada e ainda, por algum motivo, traída. Nesse momento, a criança sente que não pode contar com ninguém e entende que precisará se virar sozinha, desenvolvendo a energia masculina e com excesso de yang. Esse mesmo mecanismo ocorre nas relações, então indivíduos que sofrem dessa ferida tentam agradar e sentem-se traídas, cada vez confiando menos no amor. Devido à falta de confiança, desenvolvem a máscara do controle, controlando as pessoas e situações ao redor para não sentirem a traição novamente. Tendem a querer estar no controle de tudo, tanto de si quanto dos outros e das circunstâncias. Essas pessoas têm dificuldade de confiar e acreditam que, estando no controle, estão se protegendo da vulnerabilidade. Inseguras, ciumentas, elas traem e são traídas.

FERIDA DA INJUSTIÇA: é fruto da ferida da rejeição. Acontece quando, na infância, além de rejeitadas pela figura parental

A FELICIDADE INDIVIDUAL

> DO MESMO SEXO, AS PESSOAS SENTEM QUE AS SITUAÇÕES ERAM INJUSTAS. GERALMENTE, OCORRE QUANDO UM FILHO É MAIS VALORIZADO QUE O OUTRO. INDIVÍDUOS QUE SOFREM DESSA FERIDA DESENVOLVEM A MÁSCARA DA RIGIDEZ, COM UMA PROFUNDA NECESSIDADE DE SEREM PERFEITOS, AFINAL NÃO PODEM ERRAR OU SER INJUSTOS, APRESENTANDO COMPORTAMENTO INFLEXÍVEL E ENDURECIDO. DEVIDO À INJUSTIÇA QUE SENTIRAM, ATRAEM ABUSOS E ETERNIZAM O SENTIMENTO DE INJUSTIÇA, O QUE RESULTA EM COMPORTAMENTOS DE RAIVA, RESSENTIMENTO E CONSTANTE BUSCA POR JUSTIÇA.

Aqui, vale dizer que é perfeitamente possível ter mais de uma ferida e recorrer a mais de uma máscara. No entanto, quero que você olhe para elas apenas para identificar quais tem carregado consigo até agora.

Ao identificar a máscara que deseja tirar e a ferida que a originou dela, recorra à cura da criança ferida que deixarei no capítulo 6 para descobrir quando você experimentou esse sentimento na infância. Ao proteger e acolher a sua criança e se teletransportar para essas lembranças, aos poucos, permita que o seu verdadeiro eu, sem máscaras, esteja cada vez mais presente. Lembre-se de que você não é essa rejeição, abandono, humilhação, traição ou injustiça que viveu. Deixe tudo para trás e assuma a luz, grandeza e ser individualizado que você é.

Como já deixei claro até aqui, a imaturidade emocional tem total relação com a nossa infância e os desafetos que recebemos durante a nossa formação nos primeiros setênios. Essa criança interior ainda vive dentro de nós, e parte de resgatar o nosso amor-próprio é aprender a acolher essa criança, nutri-la e enchê-la de amor para que ela (você) também passe a transbordar amor nas suas relações.

Para falar com os meus pacientes sobre isso, procuro abordar a pauta de maneira bem simples. Sempre que acontece algo na sua vida que o deixa angustiado, se parar alguns minutos para meditar sobre a origem disso lá na sua infância, você vai encontrar. Muitas vezes, a nossa criança está tão traumatizada que está congelada em um quartinho escuro e frio, e tudo o que precisamos fazer é resgatar essa memória de dor e levar amor para ela. Para que ela volte a ser o que é na essência: amor.

Aqui, quero que você compreenda que se essas sombras parecem ainda perpetuar na sua alma, é porque essa ferida tem ligação com algo mais profundo e, muito provavelmente, está associada às dores e mágoas que você carrega desde a infância. Se um desrespeito ativou um gatilho e você não consegue lidar com ele com a maturidade emocional que sabe que é necessária, tenha ciência de que esse é o momento de procurar acolher e amar a sua criança.

A rejeição escondida

No amor infantil, quando a gente não recebe o amor da forma que esperamos, já que cada um tem sua maneira de demonstrar e receber amor, acabamos por sofrer a dor da rejeição, uma dor que dói na alma, uma facada que levamos no coração. Ele sangra e parece que nunca cicatrizará. Ser rejeitado fere profundamente o coração.

Se alguém já terminou com você ou se você levou um fora da pessoa de quem estava a fim, esse sentimento de rejeição é bastante claro. No entanto, no dia a dia, ele pode se camuflar em diversas nuances que talvez você ainda não tenha percebido.

Há a rejeição real e a irreal. Esta última ocorre quando a pessoa não está sendo rejeitada, mas a forma imatura de amar a faz acreditar que sim, caso receba qualquer simples recusa, o que a coloca na defensiva e sabota suas relações.

Por exemplo, se uma esposa convida o marido para ir ao cinema e ele diz que está cansado e que prefere ficar em casa, isso pode parecer uma simples recusa a um convite, certo? Nada de mais. No entanto, se ela não estiver bem naquele momento, essa recusa pode acabar por acionar uma dor de rejeição. E essa dor fará com que ela

A FELICIDADE INDIVIDUAL

tenha atitudes e respostas imaturas, sem inteligência emocional, o que poderá fazer com que, devido a cobranças e brigas, o parceiro perca o interesse de estar ao lado dela e a rejeite de fato.

Já a rejeição real provoca uma dor tão grande que, para proteção, o cérebro se recusa a enxergá-la e passa a fantasiar ilusões e expectativas futuras. Em meu consultório, recebo muitos casos de rejeições reais não percebidas, inclusive de homens que estão sendo constantemente repelidos por mulheres e não conseguem perceber que se trata de uma rejeição. Um indivíduo numa situação dessas vai mascarando esse sentimento e insistindo em fazer em excesso por quem está tentando conquistar, porém sem perceber que a pessoa não liga para ele. A consequência é que ele acaba fazendo papel de bobo.

Quando não nos valorizamos, nos apegamos a ilusões, pois projetamos a felicidade fora – nos apaixonando exageradamente por um indivíduo com quem saímos apenas uma vez, por exemplo, ou aceitando ficar com alguém sem compromisso por meses, esperando sermos assumidos em um relacionamento, até que essa pessoa some e aparece namorando outra.

Para evitar a dor da rejeição, aceitamos migalhas e não enxergamos que o outro não nos deseja como almejamos. Num mundo ideal, seria ótimo que as pessoas fossem boas na comunicação, mas o que vemos é muita gente não falando o que quer para evitar magoar o outro. Ou falando, mas por meio de indiretas: "Eu não estou muito bem"; "Estou vivendo um momento difícil"; "Estou com problemas na família"; "Estou trabalhando muito"; "Eu adoro você, mas meu momento não é propício para um relacionamento sério".

Já ouviu algo assim? Essas são frases muito comuns de quem não sabe comunicar o que quer. E quem ouve, ao contrário de compreender as intenções nas entrelinhas, entra no excesso de dar e se fazer útil; de ajudar ou estar presente para evitar sentir a dor da rejeição. Isso é não saber perceber os sinais de rejeição. Mas por que agimos assim?

Escolhemos não enxergar os sinais que estão bem na nossa frente porque a dor da rejeição é uma das maiores dores que um ser humano pode sentir. A partir dela, muitas vezes não nos sentimos bons o suficiente, ou que não temos valor para ser amados, e essa é uma dor existencial. Se eu não sou amado e desejado, para que eu existo, então?

É verdade que encontrar nosso valor nos olhos da pessoa amada traz uma autoestima e um senso existencial muito grandes. Por outro lado, quando isso não acontece – ou pior, quando recebemos rejeição e desculpas –, abala o nosso emocional e caímos novamente em comportamentos de defesa que sabotam as relações.

Por isso, aprender a identificar as rejeições sem medo de olhar verdadeiramente para nós mesmos e para essa dor interna é tão importante. Enquanto não aprendermos a nos curar internamente, continuaremos a repetir as mesmas ações e mecanismos de defesa sem nunca sair do lugar, sem nunca evoluir. O seu valor independe do amor do outro, e quanto mais você reconhecer o quão grandiosa é, mais será valorizada.

Ser rejeitado quer dizer apenas que algo em você não agradou o outro. Muitos de nós tendem a achar que isso tem alguma relação com a própria imagem ou personalidade, mas a verdade é que a rejeição está diretamente relacionada com a nossa desconexão interior. Quando você não está inteira em uma relação, o outro sente isso e percebe o vazio e a falta de poder pessoal nas suas ações.

Por exemplo, alguém que não se sente importante e não acredita no seu valor agrada em excesso para justificar que pode ter importância para o outro. A busca por felicidade e aprovação externa nos faz nos entregarmos demais, priorizarmos uma pessoa que acabamos de conhecer, ficarmos disponíveis demais, entrarmos naquela ânsia existencial de colocar o outro para suprir o vazio. Saiba que esse é o verdadeiro grande motivo para as rejeições que atraímos. A felicidade e o amor-próprio começam em nós.

Não quero dizer que isso é simples de resolver. Emoções não são máquinas que ligamos e desligamos com um botão, e compreendo que esse sentimento é sofrido, mas quero que você perceba que eles são, também, um chamado para buscar um sentido existencial em si mesmo, e não no outro.

A FELICIDADE INDIVIDUAL

Já vi diversas mulheres bem-sucedidas, inteligentes, financeiramente estáveis, lindas e maravilhosas, ou caras superlegais, cheios de dinheiro e todas as qualidades possíveis, mas que são continuamente rejeitados. Por isso, reforço que o fato nada tem a ver com aparência, status, personalidade ou condição financeira.

A dor da rejeição é tão profunda que alguns se tornam narcisistas e usam o outro para validar o seu senso de importância, saindo com várias pessoas, conquistando-as, deixando-as apaixonadas para depois sumirem, com a única finalidade de vê-las se rastejando a seus pés. Sabem brincar com os sentimentos alheios. Indisponibilidade, *ghosting*, demora para responder a mensagens e outros sinais são apenas jogos dos quais fazem uso para validar a si mesmos, e não se envolvem por medo de sofrerem no amor.

Se alguém tenta conquistar de modo artificial uma pessoa com esse perfil e força uma relação sem que existam sentimentos sinceros, a infantilidade dessa pessoa surgirá em algum momento. Ela joga para não demonstrar a própria fragilidade e para não acessar a própria vulnerabilidade. Trata-se de alguém que aprendeu a lidar com a rejeição, mas que não se curou verdadeiramente, o que se refletirá no relacionamento de uma forma ou de outra: em brigas, em competições, ciúmes ou cobranças. Isso porque essa pessoa não está madura e poderá machucar a outra.

Quem é constantemente rejeitado pode rejeitar sem sequer perceber que está fazendo isso. Um indivíduo rejeitado carrega a dor da insuficiência e encontra outros que o desejam, mas que não lhe são suficientemente desejáveis. No entanto, apesar de não sentir muita atração por determinada pessoa, ele a continua iludindo só para ter alguém para suprir o seu vazio. Rejeita quem o quer e, por sua vez, é rejeitado por quem deseja, ou seja, é insuficiente para o outro. É o famoso clichê "quem eu amo não me ama e quem me ama eu não quero".

Qualquer rejeição que existe na sua vida – tanto na área amorosa como no campo financeiro ou das amizades – é um chamado para que você encontre sua força existencial dentro de si, o seu propósito,

Quando buscamos a felicidade individual, aprendemos a nutrir a nossa alma.

@robertacalderini

a fortaleza que vem da sua alma. Os caminhos para encontrar amores verdadeiros e maduros não são tão difíceis de se trilhar quanto você imagina. Basta estar disposto a olhar para dentro e aprender uma nova perspectiva sobre as relações.

Não existe alma gêmea, príncipe encantado nem um salvador que vai livrar você de todos os seus problemas. Relacionamento é construção. É escolha a dois. E, enquanto você não estiver disposta a olhar para si mesma para se curar, permanecerá desconectada da sua verdadeira essência, atraindo amores imaturos e fadada a repetir os mesmos erros, inclusive a reviver as mesmas rejeições.

Culpa e vitimização

A culpa e a vitimização são os sentimentos que nos paralisam diante dos traumas. Nos sentimos congelados em determinada cena vivida e ficamos presos a ela.

Principalmente quando falamos de traumas na infância dentro do sistema familiar, é importante que passemos a reconhecer o adulto que nos tornamos. Nós não somos mais crianças indefesas e que não têm as ferramentas necessárias para lidar com o que acontece conosco. Somos adultos e, portanto, temos a força para impedir a recorrência desses sentimentos de repetição e paralisia.

Quando nos vemos dentro de uma situação verdadeiramente grave, que envolve a convivência com narcisistas perversos, carrascos, manipuladores, sociopatas ou psicopatas, acabamos ocupando o lugar de vítimas. Nesses casos, não estamos apenas escolhendo reviver o trauma, é essa manipulação que nos coloca na vitimização. E como somos manipulados? A partir da culpa. Neste cenário, os abusadores utilizam a culpa para nos prender nessa situação.

Aqui, quero chamar sua atenção para o fato de que existem dois tipos de vitimização. Há quem seja vítima de si mesmo, das próprias emoções e dores, e existem os casos de manipuladores que fazem uso da culpa alheia para vitimizar alguém.

O primeiro tipo de vitimização tende a prender as pessoas em uma situação da infância em que elas eram, de fato, vítimas. Essa fragilidade segue até a vida adulta de maneira que o indivíduo tende a buscar alguém forte nas relações amorosas, com a intenção de que essa pessoa o proteja. O problema é que, ao buscar alguém forte, pode cair nas mãos de um narcisista, manipulador, sociopata ou psicopata. E, por trazer essa informação de vítima, muitas vezes não tem forças para lidar com personalidades adoecidas. Assim, não consegue se posicionar, impor limites ou expressar o que não aceita e não quer.

Quando uma criança é criada em um sistema harmônico e os pais lhe ensinam como ser forte, a ter voz e a se posicionar, será muito mais difícil que ela se perca facilmente nas mãos de um abusador. Afinal de contas, ela conhece os limites, sabe que é forte e consegue dizer não. Agora, se a criança fez parte de um sistema familiar em que a voz dela era constantemente sufocada, em que ela não podia se expressar, dizer como se sentia, o que queria e o que pensava, ela cresce na submissão e estará mais desprotegida para lidar com possíveis manipulações.

Em situações como a do último exemplo, ao pedir ajuda para os amigos ou para a família, a vítima começa a se sentir amada, mas o narcisista percebe isso e passa a manipulá-la ainda mais, proibindo que as pessoas se aproximem dela. Assim, ela acaba por se vitimizar ainda mais e fica totalmente refém do manipulador. É por isso que é tão difícil ajudar mulheres em relacionamentos abusivos. Elas não estão nessa situação porque querem, mas porque não conseguem encontrar forças para sair do congelamento.

Mas, então, como sair disso? Tanto a vitimização como a culpa são uma ilusão que as pessoas se colocam porque, na prática, não existem culpados. Existem pessoas inconscientes e presas em traumas.

Precisamos ter em mente que todos nós somos seres em eterno aprendizado e há saídas. Você pode começar reconhecendo as raízes dos seus traumas. Eu, por exemplo, quando pequena, presenciei

A FELICIDADE INDIVIDUAL

muitas vezes a minha mãe chorando. Ela dizia que dávamos trabalho e eu me sentia culpada. Em outras ocasiões, ela chorava por causa do meu pai, falando que ele não a ajudava em nada, e eu queria confortá-la. Ela era vítima de si mesma. Hoje, consigo ver como essa situação me levou a repetir alguns traumas em muitos relacionamentos. Minha mãe em sua vitimização inconsciente, assim como a maioria da humanidade age, programou no meu cérebro a vitimização, a informação de que o homem não protege, de que eu era culpada e problemática.

Durante muito tempo, o que eu atraía para a minha vida eram pessoas com problemas, complicadas, com vícios ou transtornos e que validavam a minha vitimização, já que sempre que eu precisava me defender, me sentia culpada de novo. Eu repetia um padrão disfuncional de codependência emocional.

Aprender a não se vitimizar é parte do processo de amor-próprio e do desenvolvimento de maturidade emocional. A vitimização vem de uma necessidade do nosso eu inferior de firmar o ego, e quantas vezes a gente briga apenas por ego? Às vezes, brigamos com alguém que amamos só porque precisamos, de alguma maneira, reafirmar a nossa identidade. Mas, se a alma não negocia valor, por que você sente que precisa provar para o outro que ele está errado?

Quando uma pessoa agride você verbalmente porque não está bem naquele dia, se você tem maturidade e inteligência emocional, consegue fazer uma pausa e perceber que aquilo tem mais a ver com a pessoa do que com você. Esse discernimento é amor-próprio, e você pode se apoiar nele porque tem convicção de quem é em sua essência. O que uma pessoa diz sobre você é apenas como ela a enxerga a partir dos próprios traumas.

É preciso assumir a nossa responsabilidade diante de nossas próprias ações e reconhecer quando estamos nos colocando no papel de vítima. Se o outro me enxerga a partir da ótica dele e acredita que eu não sou boa o suficiente, isso está relacionado à insuficiência dele. E se eu aceito isso de alguma maneira é porque bateu no meu ego ferido, e eu estou optando por me fazer de vítima em vez de reagir com maturidade.

Saiba que você é o único responsável pelas suas escolhas, portanto, evite culpar circunstâncias, pessoas e fatores externos pela maneira como você reage a estes estímulos. Assumir a responsabilidade devolve a você o poder de encontrar soluções. Se você acredita que é potência, amor e grandeza da Fonte Divina e sabe que a sua alma não negocia valor, alguém pode até tentar ofender você de alguma maneira, mas isso genuinamente não lhe afetará. Acredite.

Agora, é importante ressaltar que existe uma diferença em nos vitimizarmos diante de determinadas situações e, de fato, sermos vítimas de pessoas perversas, manipuladoras e narcisistas. Nos dois cenários, há imaturidade emocional, no entanto, no segundo, estamos falando de relacionamentos abusivos e de pessoas que precisam de apoio profissional e externo para conseguir se reerguer.

Relações tóxicas

Quando um parceiro é muito controlador, narcisista e codependente, ele não deixa que o outro tenha individualidade própria justamente para que possa estar no controle e manipular. Controla o jeito de falar, de se vestir e de ser. O narcisista tira a alma do parceiro, e quando ele não tem mais nada, o abandona. É uma situação desesperadora porque toda vez que a pessoa tenta ser ela mesma, o narcisista a critica e a desvaloriza. Essas almas estão doentes e destroem tudo o que tem vida.

Relações tóxicas e abusivas não acontecem do dia para a noite. Elas evoluem gradativamente e vão se agravando cada vez mais. No início, até existe uma percepção de que algo não é como deveria ser, mas, aos poucos, a vítima vai fazendo pequenas concessões e aceitando o inaceitável até que as agressões se tornem algo "normal" para a realidade do casal. Há uma codependência emocional gigante somada à carência e ao medo da solidão. E é por isso que é tão difícil

A FELICIDADE INDIVIDUAL

fazer com que as vítimas consigam sair de onde estão. Elas não conseguem se libertar das situações abusivas e seguem perdoando sem conseguir intuir que aquilo não faz bem para elas. Elas não conseguem acessar o amor-próprio para se colocar em primeiro lugar.

Um relacionamento tóxico começa com um grito, que depois vira um empurrão e que em seguida se torna um tapa. Só que se você aceitou o grito e continuou com essa pessoa, abriu espaço para tudo o que viria depois. Por isso, resgatar o amor-próprio é tão importante nas relações para que não nos tornemos vítimas e não nos coloquemos em situações de risco em relações agressivas. Entramos na vitimização na esperança de que o outro mude. Ele pede perdão, e você segue acreditando em mentiras para suprir as necessidades da infância e desse amor imaturo.

Se você está passando por algo assim agora, a mensagem que quero deixar clara aqui é: ele não vai mudar. Peça ajuda profissional agora para sair dessa relação violenta. Enquanto isso, procure seu amor-próprio. Fortaleça-o e verá que você perceberá que não precisa dessas relações ruins, o que você merece é amor e respeito. Lembre-se de que amor é coragem, não é aceitar migalhas. Você pode agora mesmo resgatar seu empoderamento, e a maior força que você vai encontrar para falar não e impor limites está no seu interior.

Ouça a voz do amor e resgate seu amor-próprio. Não se esqueça de que dentro de você existe uma potência e uma grandeza. Deus sempre traz novas oportunidades e certamente trará alguém melhor. Não se mantenha na vitimização e não aceite pouco, porque você merece tudo em abundância. Se o nosso maior medo e sombra é o medo da solidão, saiba que você não precisa ser vítima dela.

Quando você deixa de se vitimizar, consegue desfazer todo um sistema disfuncional no qual está inserida, saindo das perpetuações de relacionamentos com abusos e encontrando a sua luz interior para impor os limites de que precisa. Por trás da vitimização, existe uma força imensa que não está sendo usada, e sair desse lugar de fragilidade emocional é uma escolha que só você pode fazer por si mesma. Você é o poder e vai superar essa fase quando encontrar a fractal de Deus que está dentro de você. Então, busque essa presença divina em seu interior e encontre essa força visceral para substituir o lugar de vitimização.

Todo desequilíbrio, por mais complexo que seja, leva você à sua potência. Todo conflito e desafio que existe hoje em seu relacionamento é um convite para que você volte para dentro e acesse a sua potência. Se não olhar para esse desequilíbrio como um caminho de buscar dentro de si aquilo que não consegue acessar, que faz parte da sua potência, aquilo vai se repetir. Se você não se cura, fica se repetindo.

Quando olha para esse desequilíbrio, olhando para si e se perguntando "O que em mim está gerando essa situação?", você sai do lugar de vítima e passa a ter autonomia para agir e se curar. Faça esse exercício: o que em você está manifestando essa situação ao seu redor? Se o seu parceiro não está dando aquilo que você espera, quais expectativas são essas, da sua alma, que não estão sendo supridas?

Se você está passando por algo assim, se pergunte: "Quem eu era antes desse relacionamento?". Respire fundo e saiba que você precisa de ajuda profissional. Não tenha medo de pedir por isso. É preciso se reencontrar consigo mesma e estar disposta a fazer perguntas profundas. Quem é você de verdade? Você se reconhece quando se olha no espelho?

Nos meus atendimentos e em meus workshops, costumo aplicar a prática do renascimento para ajudar as pessoas a se conectarem de volta com sua essência. Veja a imagem abaixo:

Imagine que o círculo do centro é o nosso eu superior, a nossa essência. O segundo círculo representa as nossas feridas e traumas, e o círculo externo, as máscaras que criamos para lidar com o mundo ao redor e o nosso falso eu (os papéis que representamos para lidar com as sombras (síndromes do bonzinho, do salvador e do impostor). A cada novo trauma e novo falso eu assumido, camadas são adicionadas ao redor da sua verdadeira essência e sufocam a sua potência.

Então, o que acontece? Todas as camadas ao redor são sombras que encobrem a sua luz e fazem com que você atraia mais situações de conflitos, somatizando os traumas e sufocando cada vez mais a sua essência. Quanto mais traumas, mais máscaras e menos potência. Se você está presa há muito tempo no falso eu, sabe que, eventualmente, esses mecanismos incorporados param de funcionar, exigindo que você aprenda novos para lidar com os seus traumas e sombras. Só que quanto mais mecanismos você absorver, mais camadas vai criar, deixando sua verdadeira essência cada vez mais oprimida e camuflada. Assim, quanto mais você envelhece, mais se esconde, até que sinta que sumiu por completo.

No fundo, você não sumiu. Apenas está desconectada de quem é em sua essência, e o que precisa fazer é justamente curar essas dores internas para liberar camada por camada, até se reconectar e assumir quem é de verdade.

A técnica que indico, muito utilizada pela filosofia indiana, consiste em dizer "eu não sou isso" quando percebemos que nos identificamos com um sofrimento ou com uma máscara. Então, quando você percebe que está sendo rejeitada, abandonada ou qualquer outra coisa que desperte em você emoções negativas, pode recorrer a essas técnicas e falar "eu não sou a rejeição".

Em meu outro livro, *Você é poder*,[13] também trago a técnica de clamar a Deus por esse cancelamento. Basta fechar os olhos, respirar profundamente por três vezes, colocar a mão no coração e bater

---

[13] CALDERINI, R. **Você é poder**: como libertar-se de tudo o que te limita. Maringá: Viseu, 2020.

no peito enquanto diz: "Esse eu está cancelado. O meu verdadeiro eu é o amor".

Lembre-se de que nossas emoções negativas nos mostram quando estamos desalinhados da nossa essência. A rejeição, as doenças e os problemas são projeções da nossa mente. Portanto, quando senti-las, faça pequenas pausas. Volte para o presente e coloque a mão no coração, pois o *chakra* cardíaco é a morada da nossa alma. Fazer pausas de respiração profunda para se reconectar com a própria alma faz com que você crie espaço entre a situação e quem você verdadeiramente é. Lembre-se também de que as situações externas não definem quem você é. Reconhecer a nossa essência é o que nos permite ter a maturidade emocional para lidar com as situações a partir de um lugar mais profundo, que é a nossa alma.

Hábitos saudáveis

De nada adianta tentar se curar internamente e insistir em hábitos excessivos ou em vícios e comportamentos que não fazem bem. É importante dormir cedo e ter uma boa noite de sono, pois este desempenha um papel essencial para o bem-estar e para a saúde, já que regula os hormônios e consolida a memória.

Enquanto dormimos, nosso corpo realiza uma série de reparos e restaurações que garantem nosso desempenho cognitivo. Quando a gente não tem uma rotina saudável de sono, se desequilibra, e esse desequilíbrio vai desestabilizar o emocional, o mental, o espiritual e o físico. O ideal é tentar sempre estar na cama até as 23 horas e, algumas horas antes, já começar a reduzir o ritmo para incentivar a produção de melatonina, que nos ajuda a pegar no sono.

Os hábitos matinais também são extremamente importantes e, muitas vezes, ditam o tom do restante do dia, pois são imprescindíveis para trabalhar todas as suas inteligências: corpo, mente, emoções e espírito. Começar o dia agradecendo, com uma boa leitura, uma meditação e uma atividade física é o ideal. Experimente se

As situações externas não definem quem você é.

@robertacalderini

conectar com sentimentos de alegria e gratidão todas as manhãs e veja como isso atrairá boas vibrações para a sua vida.

Pense que se priorizar logo pela manhã é um ato de amor-próprio e autocuidado. Você deve vir antes de qualquer correria que precisará enfrentar no cronograma. Afinal, se não estiver bem consigo mesma, como poderá estar em seu melhor estado de espírito ao longo do dia?

Quando você prioriza uma rotina de amor-próprio logo pela manhã e vai sustentando essa frequência ao longo do tempo, você dramatiza menos o seu dia a dia e tem mais clareza espiritual e mental para lidar com as situações da sua vida. Você começa a se tornar mais relaxada durante tudo o que acontece.

Por fim, tenha cuidado com os excessos, tanto na alimentação como nas ações. Faça pequenas pausas conscientes ao longo do dia para respirar, relaxar e se reconectar consigo mesma. E o mais importante, aprecie cada instante com gratidão, agradeça o máximo que puder. Ore e vigie a todo instante qualquer pensamento de reclamação para mudá-lo para gratidão. Sim, é proibido reclamar. Se você almeja ser feliz, agradeça!

Uma prática que recomendo muito – principalmente para quem ainda sente que está na fase de dramatização e se prendendo a emoções negativas – é ter um caderno ao lado da cama para registrar, todas as noites, o que está deixando você angustiada e outro para escrever sobre aquilo pelo que se sente grata. Conforme você vai liberando o seu emocional antes de dormir, colocando para fora todo o drama que quer deixar de viver, e acordando com o caderninho da gratidão, agradecendo por tudo que quer como se já fosse real, vai deixando essa frequência nas emoções, na alegria.

Sempre que agradecer, dê um sorriso. Isso elevará a sua frequência e a aproximará do que você quer para si.

CAPÍTULO 4

A evolução interior a partir dos relacionamentos

Talvez, ao chegar a esta parte do livro, você esteja pensando que, se você mesma pode se dar todo o amor de que precisa, por que, afinal, não permanecer sozinha e se poupar o trabalho de procurar um relacionamento amoroso?

Eu sempre digo que o relacionamento é a universidade da alma, da vida e de quem nós somos. Se o outro é o nosso reflexo, ele vai espelhar as nossas luzes e sombras. Então, as atitudes do outro perante nós diz muito sobre quem somos e sobre aquilo que carregamos. Quando algo nos incomoda no outro, isso nos mostra que algo não está trabalhado em nós, seja uma dor, uma mágoa, seja um ressentimento da infância.

Vale dizer também que, quando admiramos muito algo em alguém a ponto de querermos ser como aquela pessoa, isso quer dizer que essa qualidade também está em nós e que precisa apenas ser desenvolvida ou lapidada. Ou seja, o que nos afeta no pior e no melhor do outro diz algo sobre nós.

A partir das relações, nós temos troca de conhecimento e aprendizado, temos desenvolvimento emocional e autoconhecimento, encontramos apoio e suporte, além de desenvolvermos nossas habilidades sociais e interpessoais. Ninguém é autossuficiente e capaz de viver sem se relacionar; assim, o anseio profundo de amar e ser amado é uma necessidade básica do ser humano, e faz parte da nossa natureza procurar por esse amor.

Por sermos mamíferos, encontramos a sensação de pertencimento e segurança quando "convivemos em bando", e isso tem total relação com a família. Essa família, esse "bando" e a união de duas pessoas é o que traz o senso de proteção e o senso de coletividade que nos protege. O pertencimento, portanto, é uma necessidade intrínseca do ser humano.

As relações humanas nos trazem uma base sólida existencial, principalmente quando são familiares. É nas relações e na família que encontramos toda a força e sustentação que nos deixam seguros para enfrentar os desafios do dia a dia, porque a vida constantemente trará novos obstáculos que precisarão ser enfrentados por nós, seja no trabalho, seja na saúde ou nas demais áreas.

Assim, quando temos uma pessoa ao nosso lado que nos impulsiona, apoia e que acaba por se tornar a nossa família, conseguimos lidar com esses desafios de um jeito mais leve e com mais eficiência. E é isso que buscamos nas relações amorosas.

Nossas relações afetivas são um verdadeiro convite para nossa evolução interior. A dois, enxergamos nossas imperfeições e nossas dificuldades em amar e ter atitudes saudáveis que conectam e nutrem, de maneira que tragam o pertencimento que almejamos. No entanto, isso só acontece quando nos permitimos viver esse crescimento. Daí a importância de conhecermos os amores imaturos e estarmos atentos aos sinais para decidir qual caminho seguir.

O que esperamos das relações

Quando começamos a nos relacionar, algumas expectativas são perfeitamente normais. Queremos nos sentir emocionalmente conectados, buscamos carinho, afeto e, claro, amor. Esperamos respeito, confiança e lealdade mútuos. Outras características pelas

A EVOLUÇÃO INTERIOR A PARTIR DOS RELACIONAMENTOS

quais deveríamos prezar são a comunicação sincera e aberta, a compreensão, a empatia e a escuta ativa.

Ainda assim, nenhum relacionamento será perfeito nem seguirá a nossa lista de desejos e idealizações. Lembre-se de que uma relação é composta de dois seres humanos e que ambos precisam estar saudáveis e inteiros nela para que possam evoluir juntos enquanto casal. Para isso, trago aqui os quatro pilares do relacionamento que acredito serem os pontos de equilíbrio fundamentais para as relações duradouras.

- **Projeção de futuro compatível:** Se o que esperamos de um parceiro é a possibilidade de construir um futuro juntos, é fundamental que essa projeção de futuro seja compatível entre os dois. Isso não quer dizer que vocês precisam querer exatamente as mesmas coisas e no mesmo tempo, mas os pontos em comum precisam ser a maioria. Além disso, os pontos que não combinam precisam ser negociáveis para que se encaixem na vida um do outro.
Nessa projeção, todas as coisas importantes – a maternidade e a paternidade, por exemplo – devem ser alinhadas. Ambos têm esse desejo? Em que momento? Para compreender se a projeção de futuro é compatível entre vocês, é preciso alinhar objetivos, falar sobre planejamento financeiro, perceber se o estilo de vida é conciliável e o quanto um e outro podem ser flexíveis e adaptáveis perante as diferenças. Lembre-se de que você não pode se perder de si nessa relação, e é importante respeitar as divergências e individualidade.

- **Sexo e intimidade:** Sempre digo que um casal que não se dá bem na cama é um casal que não está conectado com profundidade. O sexo funciona como um termômetro da relação, e ter conexão na cama é o que diferencia um amigo de um parceiro amoroso. Durante a relação sexual, desenvolvemos uma intimidade emocional e um vínculo muito forte com nosso parceiro, e, se a vida na cama não anda bem, é importante olhar para isso com mais atenção.

É verdade que o sexo nos traz prazer e satisfação e, muitas vezes, é na cama que nos entregamos verdadeiramente e onde encontramos a sensação de relaxamento e êxtase. Mas, mais que isso, o ato sexual é também uma forma de comunicação íntima muito poderosa. É quando nossas almas se conectam em silêncio e toda a troca, carícias e experiências que compartilhamos ali fortalecem as nossas relações.

- **Amizade:** Ainda que o sexo seja o que diferencia um amigo de um parceiro amoroso, é impossível desenvolver uma relação afetiva sem que exista uma bonita e forte amizade dentro dela. É na amizade que desenvolvemos o companheirismo com o nosso parceiro, é nela que compartilhamos nossos interesses em comum e gostos compartilhados, nos divertimos e aproveitamos ao máximo a companhia um do outro. Se quer alguém para caminhar junto com você e trilhar a jornada da vida, é imprescindível que essa pessoa seja sua amiga também. Além disso, tenho certeza de que, nas suas relações mais fiéis de amizade, você encontra confiança e apoio emocional quando precisa. Amigos verdadeiros estão presentes nos bons e maus momentos, e assim também deve ser em sua relação afetiva. Construir uma relação de amizade com a pessoa amada é o caminho para a comunicação aberta e a escuta ativa, no qual podemos ser sinceros e compartilhar nossas preocupações, pensamentos e sentimentos sem medo de sermos julgados ou desrespeitados. E é essa comunicação que será fundamental para alinhar o relacionamento sempre que ele passar por adversidades e situações desafiadoras.

- **Amor:** Por último e o mais importante deles, a presença do amor na relação. Pode até parecer obvio, mas, se não existe amor, tudo fica frio na relação. Seu companheiro pode até querer as mesmas coisas que você para o futuro, pode até ser seu amigo, e o sexo pode até ser fisicamente bom, mas, emocionalmente, vocês se sentem desconectados um do outro. A comunicação, por vezes, é insensível, falta expressão e envolvimento emocional e, muitas vezes, não há qualquer demonstração de afeto. Aqui, quero que você perceba que a ausência de demonstração de afeto é totalmente diferente da sensação de expectativa exagerada de que um parceiro precisa demonstrar isso a todo momento. Se está em dúvida se isso tem acontecido com você, vale a pena rever no capítulo 1 como Gary Chapman identifica as linguagens do amor.

Quando existe amor na relação, nos sentimos profundamente preenchidos não só pelo nosso amor-próprio, mas pelo amor que sentimos vir do outro. É um sentimento tão abstrato e abundante que, por vezes, é difícil descrevê-lo em palavras. O amor que se sente na alma e é complexo de se racionalizar. Quando amamos verdadeiramente e somos amados também, nos sentimos aceitos, valorizados, cuidados, notados e apreciados. Há conexão, intimidade e segurança emocional. Confiamos e simplesmente amamos.

Ainda sobre o amor

A grande maioria das pessoas acredita que o amor é um sentimento, mas não é. O amor TAMBÉM é um verbo, é ação. De nada basta curar o seu interior se você não mudar a sua maneira de enxergar a vida e a sua consciência do que verdadeiramente é amar e ser amado.

Quando olhamos para o amor APENAS como um sentimento, trazemos esse amor para um lugar de vulnerabilidade e de condicionamento, impondo condições. Então, se alguém corresponde às suas expectativas, você fica feliz; caso contrário, fica triste. Isso não é amor. Pode ser uma carência ou um gatilho mental, mas não é amor. Porque amar é TAMBÉM um verbo; ele não é um sentimento, é um ato. Se você pratica esse amor no seu dia a dia, está amando verdadeiramente. Amar diariamente é colocar amor em todas as pequenas coisas que compõem todos os nossos dias.

Eu, neste momento, estou escrevendo este livro em um ato de amor. Eu amo quando estou com o meu filho, por exemplo, amo quando estou comendo algo de que gosto muito, amo acordar cedo. Eu amo em ação, porque percebo o amor em tudo o que faço. E, quando a gente pratica o verbo amar, não o confunde com um sentimento que vem e vai, como a tristeza, a raiva ou a alegria.

Sempre que alguém me diz que está sofrendo porque ama uma pessoa, trago essa reflexão. Ninguém sofre por amar alguém. Nós sofremos porque estamos enraivecidos ou frustrados, mas nunca pelo ato de amar. E, do outro lado, quando você está com alguém e tudo corre bem, o que você ama é aquele momento, a maneira como a pessoa trata você e o caráter dela. Você a ama verdadeiramente por quem ela é, e não por quem você gostaria que ela fosse; você a ama pelo sentimento que ela gera – a alegria, o preenchimento, o êxtase e o prazer.

Amar é estar na presença, e não se pode amar algo que está no passado ou que chegará no futuro. Então, quando trazemos o amor para esse lugar de presença, conseguimos tirar a relação de sofrimento que há nele. Já dizia a música: sinônimo de amor é amar.[14]

Saiba que você é capaz de colocar o amor em tudo que faz. Tudo. Desde que esteja em ação consciente e no presente, sempre conectada com a sua essência e em estado de gratidão. A sinestesia do amor pode até variar de pessoa para pessoa, mas ele está em tudo o que você faz.

Há quem sinta o amor pela razão; há quem o sinta pela emoção, pelo olhar ou pelo tato. Procure desenvolver essa percepção de como ele se manifesta em você, mas tenha a certeza de que o amor que você procura já está em você. Sentir o amor na sua vida é algo muito genuíno. Para mim, ele vem nas emoções, e sempre que estou fazendo algo

---

[14] SINÔNIMOS. Intérprete: Chitãozinho e Xororó. *In*: AQUI o sistema é bruto. Rio de Janeiro: Universal Music Group, 2004. Faixa 2.

e aquilo me transborda, eu sinto que é ali que preciso estar porque é ali que estou praticando o verbo amar. O amor não vem do outro, vem da minha sensação de amar ao estar ali. Não é o outro que me proporciona esse amor, é a minha presença e a sensação de estar feliz e ali inteira que me proporciona isso. O outro é a troca.

O amor acontece no silêncio, não no ruído e não no externo, porque ele é uma energia feminina que vem de dentro para fora. Por isso, é tão importante se fortalecer no seu amor interno e no seu interior. A vida de uma pessoa realizada, de sucesso, que vai transcender, colocar grandes obras no mundo e que vai ser feliz em um relacionamento acontece de dentro para fora e a partir da percepção de amar no momento presente.

Agora que já conhecemos os quatro pilares do amor, e discutimos o amor como sentimento e verbo, chegou o momento de apresentar os sete passos que organizei para a cura interior. São práticas que você pode começar a implementar agora na sua vida para lidar com seu coração, que está cansado de se sentir partido e não amado.

Na numerologia,[15] o número 7 representa a transformação, a interiorização e a mudança interior, e toda mudança externa só acontece a partir das mudanças internas. Por isso, escolhi esse número. Nosso universo externo é uma resposta dos nossos pensamentos, ações, emoções e escolhas diárias. Então, a partir do momento em que você começa a mudar por dentro – os seus pensamentos, a sua forma de ver o momento e as suas respostas a determinadas situações –, o seu universo externo também mudará.

Os próximos sete passos servirão de grande transformação para que você mude sua maneira de pensar, sentir e agir para que possa atuar nestes três níveis fundamentais: o pensar, o sentir e o agir. Somente a partir da mudança deles é que você começará a perceber a mudança externa acontecendo. Os sete passos trarão um empoderamento profundo para que você não seja mais refém do externo.

---

[15] DRAYER, R.A. **Numerology**: the power in numbers. Nova York: Square One, 2002

As próximas páginas farão com que você assuma o seu poder, o seu valor, o seu amor-próprio para que comece a se posicionar de uma forma mais efetiva perante o mundo e para que finalmente possa atrair um amor maduro e de valor. Para atrair amores maduros e de valor, é preciso que você vibre nessa mesma frequência.

Vale ressaltar que não é preciso seguir os passos nessa ordem. Você pode optar por trabalhar cada um deles conforme sentir que precisa e que seu coração pede. Portanto, leia todo o conteúdo que virá a seguir e volte nele sempre que sentir que está passando por algum conflito. Sugiro até mesmo que use este livro como um oráculo. E quando estiver sentindo algum desconforto ou alguma angústia no peito, abra-o em qualquer página para encontrar palavras de conforto e empoderamento.

Vamos lá!

A sinestesia do amor pode até variar de pessoa para pessoa, mas ele está em tudo o que você faz.

@robertacalderini

PARTE 3

Os sete passos para a cura interior

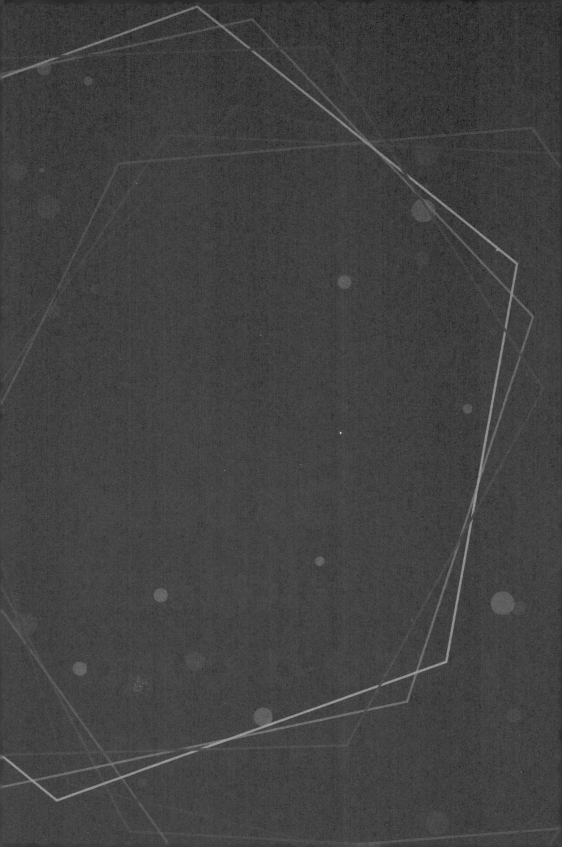

CAPÍTULO 5

Passo 1: praticar o distanciamento

É verdade que as relações de amor podem nos potencializar muito, mas, como sabemos, isso só acontece se ambos estiverem maduros e curados para isso. Em relacionamentos em que há muita desestrutura por parte de um dos cônjuges, principalmente casos extremos que envolvem drogas ou alcoolismo, o cônjuge que tenta ajudar ou cooperar em excesso inevitavelmente acaba sendo conivente com a dor do outro, e de maneira passiva, vai se destruindo aos poucos. Isso faz com que a pessoa desestruturada não busque forças por ela mesma. Vale lembrar que, quando falo em vício, não me refiro apenas a substâncias químicas. As pessoas podem ser viciadas em pornografia, traição, sexo, entre outros.

Parceiros que convivem com pessoas que estão muito desequilibradas acabam se tornando codependentes: "Meu parceiro tem um vício e eu sofro por causa do vício dele", ou, "Meu parceiro tem um transtorno psíquico e eu sofro por causa dele".

Procurar a felicidade individual em situações como essas é uma questão de maturidade. Quando vemos quem amamos doentes, precisamos ter a coragem de nos afastar e perceber que não podemos ser egoístas e pedir que o outro fique saudável para e por nós. Ele deve fazer isso por si. Por mais difícil que pareça, a nós resta apenas estender a mão e lembrar que alguns desequilíbrios precisam de ajuda profissional. Precisamos ser fortes para nos priorizar e dizer: "Eu estou aqui para você, desde que você busque apoio profissional; do contrário, eu não posso mais estar nessa relação".

Cheguei a atender uma paciente que, para o marido não sair de casa e usar drogas, se medicava em excesso para ficar doente propositalmente; assim, ele se ocupava e ficava em casa cuidando dela. Um relação bastante problemática e com uma codependência emocional muito grande.

Quem convive com pessoas adoecidas precisa se estruturar e procurar estar cada vez mais consigo mesmo para não ceder ao vício do outro. Enquanto passamos a mão ou fazemos vista grossa para problemas assim, acabamos nos afundando junto. Por isso, é importante focar em si e colocar limites para a ajuda que se vai dar. Cada um é responsável por si e precisa encontrar a própria cura e felicidade.

Praticar o distanciamento é saber como se afastar um pouco para observar determinadas situações com mais compreensão da realidade que está ali, e não a partir do olhar das próprias emoções. É sair da emoção para a razão.

Pessoas emocionalmente equilibradas tendem a não se envolver tanto com as situações e conseguem praticar esse distanciamento de forma natural, porque elas têm clareza do que é delas e do que é do outro, não procuram salvar o outro ou agradá-lo. A prática do distanciamento é saudável e contribui para relações mais duradouras.

Sobre a importância desse distanciamento, gosto de fazer uma analogia: imagine dois copos, um com água suja e outro com água limpa. O que acontece se você misturar os dois conteúdos? O copo de água suja vai contaminar o copo de água limpa, certo? O mesmo acontece quando você se deixa envolver com pessoas e situações que não estão equilibradas. Se você está equilibrada e pratica esse distanciamento, evita de se perder e ser sugada pelas emoções excessivas dos outros.

Portanto, não pegue a água contaminada que não é sua. Não tente ser salvadora do outro porque você não tem recursos para isso.

PASSO 1: PRATICAR O DISTANCIAMENTO

Se alguém está emocionalmente desequilibrado, essa pessoa precisa de acompanhamento profissional da área da saúde, precisa de profissionais treinados e especializados em saúde mental. Quanto mais você tenta ajudar no que não pode, mais se contamina e se destrói, presa na expectativa de que pode curar ou salvar alguém.

Quando vejo casais em desequilíbrio assim, o resultado para quem insiste em tentar curar o outro é sempre o mesmo: ou a pessoa se destrói nessa tentativa, fazendo com que a relação termine porque ambos não sabem mais como amar, ou o relacionamento evolui para uma relação tóxica e abusiva. Distanciar-se é saber como não se deixar envolver emocionalmente em excesso com o que não é seu, utilizando o seu lado racional – e sem julgamentos – para ser mais prudente em relação às situações.

Eu mesma já sofri muito com isso e não sabia ficar bem quando o meu parceiro não estava emocionalmente bem do meu lado. Era como se eu sentisse as dores dele e, mais que isso, sentia também uma espécie de culpa por ele não estar bem, como se fosse minha responsabilidade fazer algo para que ele ficasse bem. A todo momento, eu insistia em saber o que estava acontecendo, mas, na tentativa de ser boazinha e agradá-lo, demorei a perceber que eu não era responsável pela felicidade dele.

Comecei a praticar o distanciamento quando me dei conta do quanto eu me desestabilizava por causa da instabilidade emocional dele. Precisei usar a razão para conseguir dizer a mim mesma: "Esse desequilíbrio emocional não é meu, é dele. E eu não me permito me desequilibrar porque ele não está bem". Eu tinha uma escolha diante daquilo, e a minha escolha foi preservar o meu estado de espírito e as minhas emoções, que, naquele momento, eram de gratidão, felicidade, propósito e plenitude, por diversas situações que eu estava vivenciando. Eu não podia mais me deixar contaminar por emoções que não me pertenciam.

Compreendo que essa possa parecer uma atitude individualista. No entanto, se algo em mim estivesse desagradando a ele em relação a essa postura, isso significava apenas que eu estava servindo de espelho para algo que estava sujo e contaminado dentro dele. Por isso, reforço tanto a importância de que cada um procure a própria cura interior para estar inteiro em uma relação.

Quando estamos em um relacionamento, precisamos nos lapidar, e é esse distanciamento que nos dá clareza para compreender o que está acontecendo. Será que seu parceiro está distante de você porque está lidando com as próprias questões antes de despejá-las de maneira imatura em você? Ou será que ele está deprimido e angustiado, precisando de ajuda profissional? Se você não conseguir se afastar um pouco das próprias emoções para analisar, talvez se desequilibre emocionalmente. Praticar o distanciamento é sair da reatividade para praticar ações positivas e evitar a criação de expectativas.

Quando você se distancia, consegue refletir além das suas emoções imaturas e se conectar com o coração, a morada da sabedoria. Isso somente é possível no silêncio, ao entrar em um caminho amoroso e imparcial para lidar com qualquer situação. Para qualquer conflito, existem dois lados; é preciso se conectar, colocar as emoções de lado, ser mais racional e pensar com empatia, que é a chave para sair de qualquer conflito.

Se distancie e seja empático consigo mesma e com o outro. Mas ser empático não é salvar a pessoa dos problemas que ela carrega. Às vezes é somente compreender que ela não pode oferecer a você além do que já oferece, e cabe a você aceitar ou não. Empatia é compreensão, é amor.

Lembre-se: você não é dona do outro. Desapegue dessa ideia que algumas representações do amor romântico podem ter deixado em você. É preciso largar a codependência chegar ao nível da interdependência, em que você entende claramente aquilo que o outro pode dar ou não e escolhe se quer ficar ou não.

Quem é dependente do outro vai projetar nele esse salvador das faltas da infância, e é preciso sair desse lugar e se tornar independente. E o que é se tornar independente? É saber se apoiar e ser seu próprio suporte. É dizer "sou minha força". Isso é amor-próprio.

Cada um é responsável por si e precisa encontrar a própria cura e felicidade.

@robertacalderini

Tive uma paciente, a quem chamarei de Amanda, que era uma mulher extremamente sensível e se sensibilizava por qualquer pessoa que estivesse sofrendo ao seu redor. Ela cresceu vendo a mãe apanhando do pai, que era viciado em jogos e a agredia todas as vezes que perdia. Amanda acolhia a mãe, não colocava um limite naquela relação. O pai sempre a convencia de que iria mudar. A mãe era dependente emocional e, a cada briga, ela buscava o conforto no colo da Amanda, que se sentia na obrigação de ajudá-la.

Amanda cresceu acolhendo o choro da mãe e foi desenvolvendo a mesma fragilidade emocional. Em muitos momentos, tudo o que queria era o colo da mãe, pois era só uma criança, e se sentia tão perdida quanto a sua mãe. Para uma criança, o choro materno traz uma angústia enorme, pois ela se sente desprotegida, aumentando ainda mais a sua fragilidade emocional. Pais dependentes emocionais não priorizam os filhos, pois estão perdidos em suas emoções; logo, não conseguem desenvolver a força interior das crianças. Em vez disso, ensinam que é normal a vitimização e o sofrimento.

Amanda cresceu entendendo que o amor é dor e buscava o mesmo padrão em suas relações, revivendo o mesmo desespero da mãe e repetindo o mesmo comportamento com sua filha; afinal, a fragilidade emocional faz com que não se consiga desenvolver a resiliência, sempre em busca de alguém com quem se vitimizar e que seja o porto seguro de suas lamúrias. Amanda, então, criou pactos inconscientes de fidelidade ao sofrimento materno e atraía somente pessoas complicadas para reviver o sofrimento da mãe, no intuito de salvar esses indivíduos, assim como fazia com sua mãe.

Além disso, ela tinha dificuldades de lidar com os problemas da vida e sofria demais por pequenas coisas. Quando somos muito sensíveis, o nosso emocional toma conta de nossas escolhas e perdemos o livre-arbítrio e a força interior. Quando estamos na frequência da vitimização, atraímos mais problemas dos quais reclamar, até que a vida vai se tornando um verdadeiro peso.

PASSO 1: PRATICAR O DISTANCIAMENTO

Fiz com Amanda a prática do distanciamento para que ela entendesse que ser sensível emocionalmente não era uma qualidade e que precisava encontrar a sua força interior.

A cura começa com a conscientização desses padrões que herdamos do nosso sistema familiar e o quanto os buscamos como referência de modo de atuar no mundo ou de pertencimento, atraindo pessoas com os mesmos padrões. Para alcançarmos a libertação, é importante ter a disposição de olhar para as feridas que estão por trás deles.

Você deve se esforçar para se libertar das expectativas da sua infância e das projeções, concentrando-se em se curar e fortalecer sua própria autoestima e amor-próprio. Esse processo de autodescoberta começa a atrair relacionamentos mais saudáveis, baseados em conexão verdadeira, compreensão mútua e respeito. Ao romper com os ciclos do passado e se permitir a cura, você abre espaço para a construção de relações mais saudáveis e funcionais.

Para isso, abaixo eu disponibilizei uma modelo de carta de distanciamento e quebra de padrões que a ajudará a se libertar dessas prisões inconscientes.

Exercício de desprogramação da busca pela referência parental

Para esse exercício, é importante primeiro fazer uma profunda análise da carência paterna e materna e do padrão que você vem atraindo na sua vida ao buscar o amor dos seus pais.
Após essa reflexão, pegue uma folha e um lápis e escreva uma carta para o seu pai e, depois, uma carta para a sua mãe. Redija-as separadamente e não economize no que vai escrever. Coloque nelas toda a sua emoção. Ao terminar, você deve queimá-las.

Pai (ou mãe), eu sinto a sua falta. (Escreva, então, tudo o que sentiu de falta na infância.)
Em vez de receber o seu amor e proteção, eu recebi (escreva tudo o que recebeu de negativo).

E o que é se tornar independente? É saber se apoiar e ser seu próprio suporte. É dizer "sou minha força". Isso é amor-próprio.

@robertacalderini

PASSO 1: PRATICAR O DISTANCIAMENTO

E buscando o seu amor, eu atraio no meu parceiro ou parceira (escreva todos os comportamentos da pessoa que você percebe que são parecidos com o do seu pai ou da sua mãe).

E, para pertencer, eu repito os seus comportamentos e hábitos no meu dia a dia e como parte da minha personalidade. (Escreva, então, tudo o que você percebe que repete de comportamentos e hábitos para estar próximo deles ou, inconscientemente, ser como eles são. Escreva vícios, comportamentos, medos, insegurança, desvalorização, agressividade, ansiedades, exatamente tudo o que você sente que herda desse pai ou dessa mãe na sua personalidade.)

Pai (ou mãe), eu sou muito grata pela vida que você me deu, mas eu não necessito mais do seu amor e reconhecimento, eu não preciso ser parecida com você ou atrair pessoas parecidas para estar próxima de você. Eu não preciso mais receber o amor que você não me deu, pertencer, ser parecida, ser amada e ter a família. A partir de agora, serei do meu jeitinho especial de ser, assumirei a minha essência e potência e atrairei pessoa alinhadas com a minha essência, que é o amor, o respeito e a reciprocidade. Eu te perdoo por tudo o que você fez, entendo que você deu o que podia diante dos traumas que carregava, e sou grata pela vida que você me deu.

Me liberto da necessidade do seu amor e da sua referência de homem (quando a carta for para a mãe, escreva mulher) em minha energia masculina (quando for para a mãe, escreva feminina) e na do(a) parceiro(a).

Chega, eu não o(a) espero mais e não o(a) desejo mais em minha vida amorosa e profissional. Você não é mais a minha referência de homem (quando for para a mãe, escreva mulher), amor, relacionamento, modo de ser, hábitos, líder e família. Eu me despeço de você.

Eu, (coloque seu nome), revogo e renuncio a minha necessidade de pertencer à minha família de origem e de ser aprovada e amada por você. Revogo e renuncio você como referência de

homem e masculino (mulher e feminino para a mãe) e de como ser amada.
Eu revogo e renuncio a minha necessidade de buscar o amor que não recebi do meu pai e da minha mãe em um parceiro amoroso.
Eu me liberto, assumo o meu livre-arbítrio, o meu amor-próprio, a minha essência e me relaciono com o meu amor de alma.
Eu te amo, sinto muito, me perdoe, sou grata.

(Assine.)

Geralmente, damos mais ênfase do que deveríamos para as pequenas situações negativas e não enfatizamos o positivo da vida. Essa atitude aumenta as situações negativas que atraímos, porém, ao criar um distanciamento dos problemas, passamos a vibrar no positivo e atrair uma vida mais leve.

O nosso maior inimigo muitas vezes é a intensidade emocional. O distanciamento é uma técnica de desapego existencial, caminhar mais leve e não levar as situações tão a sério. Com a técnica do distanciamento, você gastará menos energia com as situações fúteis do dia a dia, ao não dar tanto foco e importância àquilo que não pertence a você.

Carregamos duas mentes: a inferior e a superior. A mente inferior se identifica de forma negativa com tudo ao redor devido às dores da criança ferida, sofrendo como se fosse realmente essa criança. A mente superior, que é a nossa essência divina, não se identificará com o problema, assumindo uma postura de indiferença em relação às situações e até uma certa "frieza".

Essa "frieza" não é falta de empatia, mas um não desespero existencial. Você não precisa ser o salvador dos problemas mundiais ou cotidianos. Entregar nas mãos divinas aquilo que não pode ser mudado e focar o seu melhor chama-se distanciamento.

CAPÍTULO 6

Passo 2: acolher as suas dores

Aprender a acolher as próprias dores emocionais é um passo essencial para nossa evolução emocional, espiritual e também para o nosso bem-estar psicológico. Muitas pessoas, quando sentem o incômodo de uma dor no coração, tentam ignorá-la ou anestesiá-la a partir da negação. Alguns recorrem às bebidas, outros a festas, uns ao excesso de trabalho ou ao exagero de tarefas e atividades para não ter de lidar com o que estão sentindo e pensando.

Acolher as próprias dores não quer dizer se entregar a elas por tempo indeterminado ou mergulhar em uma depressão profunda. É um processo de reconhecer o que se está sentindo, validar esse sentimento, compreender onde ele surgiu para, então, procurar maneiras de curá-lo. Isso exige tempo, paciência e muita conexão com nossa essência. É preciso ter gentileza e compaixão para conosco, e sei que não é fácil porque temos uma tendência a ser muito rigorosas quando estamos em sofrimento. Queremos nos livrar daquilo o quanto antes e sempre pelo caminho mais curto.

Se você é do tipo que exige muito de si quando está passando por dores emocionais, se obrigando a sair dela o quanto antes, experimente se colocar no lugar de uma amiga querida. Você seria tão dura com ela quanto está sendo consigo mesma? Ou procuraria trazer palavras de conforto e acolhimento para validar o sentimento dela? Por que, então, não praticar essa mesma gentileza consigo mesma?

Imagine o seguinte cenário: quando nascemos, a nossa essência é como um diamante que tem uma luz própria, divina e de abundância. Uma luz de propósito e de amor. E é nessa essência que somos verdadeiramente amor e abundância. No entanto, do ponto de vista fisiológico, o cérebro é que opera as nossas manifestações e controla a forma física como expomos nossa razão, nosso sentir, querer e desejar. Dessa forma, se ele estiver traumatizado, acabará impedindo que a nossa força essencial e a nossa luz se manifestem como deveriam.

Para entender melhor como tudo funciona, vamos imaginar que o cérebro funciona como um telefone celular e que podemos instalar nele uma série de aplicativos. Esses aplicativos correspondem a cada área da nossa vida: temos um *app* para trabalho, um para relacionamentos, um para a família e assim por diante. Esses aplicativos não são preestabelecidos, eles se configuram conforme o meio que vivemos.

Imagine agora que você venha de um sistema familiar disfuncional cheio de brigas e angústias. Então, o seu aplicativo da área da família vai assimilar todas as situações traumáticas. E toda vez que você falar a palavra família, o seu cérebro vai entrar em estado de alerta para protegê-la e emitirá toda a frequência da informação programada nessa área da vida.

Então, por mais que você tenha um desejo imenso de se sentir feliz e realizada na área da família, você não consegue, porque a configuração que está lá tem relação direta com a dor, a angústia e o desespero. Isso quer dizer que, quando você está em vias de formar uma família ou pensando em construir uma, o seu cérebro pode entender que a família é, de certa forma, uma situação de perigo, fazendo com que você se sabote, tendo atitudes imaturas ou escolhendo pessoas tóxicas, caso seja assim o seu padrão familiar. Ou pode, ainda, fazer com que você busque os mesmos padrões daquilo que vivenciou na infância, porque é isso que você reconhece como família. Ou até mesmo fazer com que você tente compensar a figura de um pai agressivo e violento, buscando alguém que não tenha voz nenhuma e que é o extremo oposto do que viveu.

Complexo, certo? O cérebro está sempre agindo a nosso favor, porém, quando existem traumas, ele atua constantemente em estado de alerta, para nos proteger. Isso quer dizer que essas configurações podem estar atrapalhando diversas áreas da sua vida, porque seu cérebro está atuando a partir de traumas e de experiências dolorosas.

Se você é do tipo que briga constantemente em um relacionamento, é bem provável que tenha presenciado muitas brigas de seus pais durante a infância. É como se seu *app* para a área de relacionamentos entendesse que esse é o modo operante.

Se o seu pai era frio e isso lhe trouxe sentimento de abandono, essa informação fica programada no seu *app* "parceiro", "homem", "pai", "chefe" e em tudo o que essa figura parental representa, fazendo com que você se sinta insegura e vulnerável, atraindo o mesmo padrão e se comportando da mesma forma que a sua criança se comportava diante daquele pai ausente.

Situações do dia a dia que nos lembram do trauma, mesmo inconscientemente, ativam gatilhos de que possamos estar em perigo. É por isso que, muitas vezes, ficamos ansiosos e em estado de alerta ao notar determinado cheiro, gosto, pessoa ou ao retornarmos para o lugar onde algo negativo aconteceu. O cérebro entende que estamos em perigo e uma grande descarga emocional de tensão é liberada, acompanhada de medo, insegurança, desespero, solidão, autossobrevivência e vontade de fugir. Chamamos essas reações químicas (neuropeptídeos)[16] de vícios emocionais porque, durante o trauma, a resposta química faz com que nossas células criem receptores celulares e se viciem nessas emoções.

É por isso, também, que quem passou por muitos traumas tende a ficar na defensiva e constantemente com a sensação de que é preciso

---

16 PERT, C. B. **Molecules of emotion:** why you feel the way you feel. Toronto: Scribner, 1999.

lutar ou fugir. A partir de como uma pessoa reagiu diante de determinada experiência traumática, ela tentará repetir a reação para se salvar. Ou seja, quanto mais traumas alguém tem, mais tenderá a estar nesse modo de sobrevivência, de luta e de fuga. A pessoa está presa nos traumas e, cada vez que identifica os gatilhos ao redor dela, a sensação é de congelamento. Esse congelamento é o que nos torna reféns de nossos traumas e nos impede de exercer o livre-arbítrio sobre as nossas escolhas.

Ainda que os vícios emocionais sejam um grande desafio, eles são também os sinais que podemos observar para compreender se estamos reféns desses nossos traumas. A repetição de sentimentos como a tristeza, a raiva, a angústia, a ansiedade e a depressão são chamados para trazer luz e consciência para encontrar o caminho da cura. E, por mais contraditório que possa parecer, a saída é para dentro.

Um exemplo: se uma mulher foi abusada sexualmente por um homem na infância, toda vez em que ela estiver com um homem, no momento de ter relação sexual, ela pode sentir que o gatilho de perigo é acionado. Sem ter consciência sobre o que está por trás do que está sentindo, essa mulher pode acreditar que está apenas insegura, com medo, com falta de libido ou que não consegue se entregar na cama como gostaria. Outra coisa que pode acontecer a partir de abusos é a pessoa passar a acreditar que só é desejada em situações violentas; assim, ela vai buscar relações somente com sexo pornográfico ou agressivo. Por isso, tudo depende muito de como foi a percepção dela no momento do trauma e de como ela vivenciou aquele momento. Se ela teve medo, vai se colocar dessa forma, mas se, por exemplo, o abuso veio junto de um carinho (como em casos de abusos por parte de um tio, avô ou pai), a criança fica confusa porque não sabe bem o que está acontecendo a partir do toque de uma figura que, até então, representava acolhimento. A partir disso, ela leva para a vida adulta muitas crenças incorretas que foram geradas a partir do trauma e pode passar a achar que precisa se entregar para qualquer um para se sentir amada.[17]

---

[17] HAMER, R.G. **Summary of the new medicine**. Málaga: Amici di Dirk. 2000.

Aprender a acolher as próprias dores emocionais é um passo essencial para nossa evolução emocional, espiritual e também para o nosso bem-estar psicológico.

@robertacalderini

Estou dando alguns exemplos, mas não há fórmula mágica para sabermos como um trauma marcou alguém. O que quero que você perceba é que o congelamento que acontece durante o trauma permanece em nós nos sentimentos de culpa ou de vítima e que essa configuração será acionada e repetida sempre que os gatilhos forem acionados.

Aqui, vale a pena ressaltar que nem todos os traumas surgem a partir de situações de extrema violência, como um abuso, uma agressão física ou um estupro. Alguns traumas podem surgir de situações que parecem "inofensivas", porém cotidianas. Aliás, no meu consultório, sempre vejo que os piores traumas são passivo-agressivos, quase camuflados, que costumam vir com manipulações. Principalmente se ocorrerem na fase da infância, quando ainda não há referência do que é certo e errado.

Se uma criança faz parte de um sistema familiar em que entende que está apanhando do pai "para o bem dela", ela cresce acreditando que sofrer punição é normal. A partir disso, na vida adulta, ela vai se punir por tudo o que faz de errado e, toda vez que errar na vida, sentirá uma culpa profunda e não conseguirá viver com leveza.

Quem teve pais muito críticos ou que cobravam muito, por exemplo, também pode estar refém de traumas. Se você tirava 9 e era cobrada para tirar 10, se tinha que ser a melhor aluna no ballet ou o melhor jogador de futebol, pode crescer com uma autocobrança excessiva, afinal, a necessidade de ser perfeita é o que parece certo. Quem sofre disso, além de cobrar muito de si, passa a cobrar muito de tudo e de todos e, com o excesso de perfeccionismo, fica amarrada nas próprias exigências.

Todo trauma carrega uma massa de conflito. E isso pode ser um único trauma intenso (como uma mãe que vê um filho sofrendo um acidente de carro, por exemplo) ou um trauma que não é tão intenso, mas que foi repetido por um grande período (como uma criança que cresce em um lar disfuncional e ouve por anos que "não faz nada certo").

Precisamos perceber que o que acessa nossas emoções mostra exatamente aquilo que está em desequilíbrio e que precisa de cura. Os gatilhos que estamos vivendo e o que as pessoas nos trazem mostram aquilo que está programado em nosso interior, e é por isso que não é possível tentar mudar o outro. Você precisa mudar a si mesma. Só que é através do que está externalizado em suas emoções e reações que você encontra a possibilidade de mudar o seu interior, porque toda a nossa realidade acontece de dentro para fora: do ser para o ter.

Existe uma linha tênue entre as experiências dolorosas que vivenciamos e as memórias traumáticas que guardamos. Não necessariamente toda experiência dolorosa será um trauma, mas quando essa sensação de dor permanece, é constante e não se resolve, ela pode acabar por se tornar um trauma e fazer com que você permaneça naquele congelamento e aprisionamento sobre o qual falamos no início do capítulo.

Em páginas anteriores, usamos a analogia do celular com os aplicativos, então imagine aqui que toda situação que não é processada vai ficar travada em você, como naquele ícone "processando" e que nos deixa irritados só de olhar. Mais que isso, assim como em um telefone, essa informação que fica processando escondida enquanto estamos tentando fazer outras coisas acaba por consumir uma energia gigante, enquanto, se estivéssemos emocionalmente saudáveis, seria muito mais simples realizar determinadas atividades, tarefas e até viver novas situações.

O poder do perdão

As mágoas, os ressentimentos e o não perdoar nos bloqueiam. E por isso é importante compreender o que, de fato, significa perdoar. Perdoar não é dizer "está tudo bem" e fingir que nada aconteceu. Às vezes, é preciso até aprender a perdoar a si mesmo, porque, diante de uma situação de dor, muitas vezes sentimos também arrependimentos. Será mesmo que você perdeu um grande amor porque você errou? Ou as circunstâncias da vida tiveram parte nisso?

Perdoar uma situação é saber soltar-se dela. E, muitas vezes, o que faz com que superemos alguns traumas é justamente aprender a aceitar e a soltá-los, não importa o que aconteceu. Acredite, mesmo o pior trauma que nós possamos ter vivido lá na infância – e falo isso porque eu mesma já vivi traumas muito duros – pode ser perdoado. Enquanto nos mantivermos presas ao trauma, ele vai nos consumir.

Aqui, quero que você passe a compreender que nós não necessariamente precisamos perdoar quem nos fez passar por determinada situação. Nós perdoamos aquilo que a gente viveu, soltando toda essa situação e as mágoas que passaram a existir a partir dela. Perdoar é aceitar e libertar a nós mesmas, mas também quem mais a gente tiver que libertar. É quando compreendemos que as coisas aconteceram como tinham que acontecer e ressignificamos o ocorrido.

Eu gosto muito da palavra "ressignificar" e acho curioso que até algumas pacientes minhas, que fizeram os meus cursos, acabaram tatuando essa palavra, que expressa muito bem a mensagem que quero que você escute agora: vamos aprender de vez a deixar para trás?

Vamos seguir em frente, aceitar, perdoar e soltar o que for preciso soltar porque nós não somos Deus para julgar e também não estamos sendo julgadas. Não existe um Deus opressor que observa todos os fatos e nos julga. O que aconteceu é passado e agora nos resta aprender com os erros e com as vivências desafiadoras.

É claro que alguns traumas são mais difíceis de serem ressignificados, mas geralmente porque entramos na culpa ou na vitimização, dois sentimentos que tendemos a repetir internamente. Fazemos essa repetição na intenção de encontrar uma resposta que faça sentido às nossas questões, porque acreditamos que esse sentido nos libertará de alguma maneira. No entanto, nem sempre é assim. Aqui, vale lembrar que uma vítima é alguém que sofreu algo, mas ser uma vítima não precisa significar carregar esse sofrimento por tempo indeterminado.

Quando ficamos presos no papel de vítima, não soltamos o acontecimento e, o que é pior, deixamos que o trauma se repita internamente. Soltar um acontecimento não quer dizer não responsabilizar o culpado, é um movimento para trazer alívio e cura para si. Permanecer condenando alguém, remoendo e brigando por algo que aconteceu no passado é permitir que o abusador machuque você ainda mais. Você está permitindo que ele se mantenha na sua vida.

Então, você só será capaz de tirar da sua vida alguém que lhe fez mal quando você perdoar. Quando você soltar. Muitas vezes, temos a ideia errada de que perdoar é aceitar de novo alguém em nossas vidas, mas é justamente o contrário. Perdoar é aceitar. Perdoar é deixar ir embora para que nós também possamos ir. Para seguir em frente.

Abandonando a dor

Investigar a sua história e compreender padrões e repetições é o caminho para se libertar de suas dores e viver um amor maduro. Quando compreendemos as necessidades por trás de cada situação e das necessidades da nossa alma, conseguimos nos posicionar de modo efetivo.

Tenho aplicado em alguns cursos um exercício interessante para acolher as dores da criança ferida que vivenciamos repetidamente nos relacionamentos amorosos e você poderá fazê-lo a seguir, para conseguir acolher as suas dores e identificar onde elas começaram.

Inicie fazendo uma reflexão: tudo aquilo que você tem atraído em seus relacionamentos é uma projeção do que vivia com seus pais; logo, fazer uma meditação de cura da sua criança, descongelando-a do trauma programado no seu cérebro, durante a infância, é o caminho para acolher as suas dores e parar de atraí-la.

Separe um caderno como apoio para o seu autoconhecimento, destinando-o somente para o seu processo interior. Em um local

Perdoar é deixar ir embora para que nós também possamos ir. Para seguir em frente.

@robertacalderini

reservado, coloque um áudio frequencial 528 Hertz, feche os olhos e se conecte com as suas emoções. Conforme elas forem surgindo, comece a anotar. Essa é uma meditação que poderá tocar você emocionalmente, e isso é positivo, é o caminho para a cura. Deixe as emoções aflorarem.

Exercício 1: Pai/mãe/parceiro. O primeiro passo é encontrar o seu pai e a sua mãe representados no seu parceiro. Escreva no caderno semelhanças em aparência, comportamentos, jeito de se comunicar, de andar, atitudes, modo de vida, no trabalho. Escreva tudo o que você perceber de parecido.

Exercício 2: Conflitos. Encontre os aspectos que se repetem de situações de ressentimentos e desapontamento que você mais despreza. Exclusão, rejeição, não se sentir ouvida, valorizada. Quais sentimentos os comportamentos dos seus pais geraram em você que se repetem hoje?

PASSO 2: ACOLHER AS SUAS DORES

Exercício 3: Lembrar-se das faltas da sua criança que você sente hoje. De olhos fechados, pergunte-se: "Em que momento da minha infância eu senti o mesmo que estou sentindo hoje?". Ao se fazer essa pergunta, automaticamente o seu cérebro vai trazer memórias, então deixe que elas fluam. O que seus pais falaram? Como você se sentiu? Algo que lhe faltou? O que aconteceu? Mágoas? Que dores sentia? Essas dores são necessidades genuínas da sua alma, não são fraquezas emocionais. Busque na sua criança ferida aquilo que mais a incomoda no outro.

Exercício 4: Ressignifique. Imagine agora que o seu eu adulto entra na cena em que a sua criança está sofrendo e vai até ela falar as palavras que ela esperava receber. Ele também dá o amor e a importância que ela merece. Abrace, acolha e diga "eu te amo" para a sua criança, para si mesmo. Ressignificar é se libertar de um peso que já passou. Perdoe os seus pais, pois eles repetiram o que receberam. Tire a sua criança daquele ambiente e a leve para um local na natureza de muito amor e luz. Sente-se de frente para ela, envolva-a em uma linda bolha de luz rosa e a coloque no seu peito, no seu coração.

PASSO 2: ACOLHER AS SUAS DORES

Exercício 5: Integrar a sua historia. Aceite o passado. Aceite a situação atual como parte do aprendizado e pergunte-se: o que preciso mudar em minhas atitudes e pensamentos para não voltar a atrair o mesmo padrão? Anote a resposta. Tenha orgulho de si mesmo e se veja como herói da sua história. Você não é um perdedor, muito menos um fracassado. Conforme aceita o passado, você resgata a ternura interna e o sentido de viver, amolece por dentro e flui.
Escreva: *eu aceito e tenho orgulho de toda a minha história, eu sou vitorioso.* Respire fundo, sorria e abra os olhos.

Em nossa criança interior, além de curarmos as nossas feridas, podemos encontrar a nossa doçura.

@robertacalderini

PASSO 2: ACOLHER AS SUAS DORES

Lembre-se: quem não recebeu amor não consegue amar. E isso faz parte do sistema disfuncional em que você cresceu, porque seus pais também não receberam isso. E é por isso que reforço tanto a importância desse lugar e de não esperar que o outro faça por você. Você pode se preencher de amor.

Sempre que trago essa prática para meus pacientes, o momento de acolher a criança costuma ser o mais emocionante e, na maioria das vezes, até eu me emociono. É curioso como as pessoas não ficam sensíveis ao retomar uma lembrança de dor, mas sim, justamente no momento de levar amor e acolhimento para a criança. É como se a criança estivesse tão carente de receber aquilo, tão esquecida e abandonada que, quando ela sente isso – e nós mesmos estamos trazendo esse amor para nós –, isso nos preenche.

Outra sugestão que vai ajudar muito em momentos difíceis é ter uma boneca que represente a sua criança interna. Sempre que você se sentir carente ou triste por algum motivo, abrace-a por dez minutos e diga para si mesma que está tudo bem.

Em nossa criança interior, além de curarmos as nossas feridas, podemos encontrar a nossa doçura. Tenha fotos suas, de quando era criança, sorrindo e olhe para elas sempre que se sentir insegura. A sua potência e o seu amor-próprio estão na doçura e ternura perdidas na infância, então, ao olhar para a sua foto, você se conecta com a sua doçura interna.

A cada vez que você aplicar essa prática, saiba que estará quebrando suas camadas de dor para se conectar cada vez mais com a sua essência. Por isso que eu sempre repito: "É preciso renascer sempre para a ternura que se perde". Essa ternura da criança é a essência da nossa alma.

Quando você se acolhe, levando amor para a sua criança interior, o seu estado emocional muda rapidamente, trazendo conforto para o seu coração.

Cátia, um pessoa extremamente nervosa, impaciente e até agressiva, me procurou porque não aguentava mais ser dessa forma e afastar as pessoas. Vivendo em constante briga com todos aos redor, ela dizia que era uma constante panela de pressão pronta para explodir. Cátia vinha de uma formação familiar em que presenciou muitas brigas, seu pai era agressivo e sempre batia nela. Cresceu sentindo-se desprotegida, desamparada, com medo, insegurança, cheia de culpas e acreditando que a vida era injusta.

Os sentimentos de injustiça e raiva faziam com que ela tivesse uma percepção errônea da realidade ao seu redor, estivesse sempre na defensiva, imaginando perseguições que não existiam. E, como estava nessa frequência, eventualmente atraía injustiças e abusos que a enchiam de raiva.

Eu ensinei para Cátia o método de acolher a sua criança sempre que sentisse que estava sendo injustiçada, desrespeitada ou desaprovada.

Cátia, todas as vezes que sentia que ia explodir, fechava os olhos e acolhia a sua criança interna. Ao se lembrar do pai e das cenas de agressões de sua infância, protegia a sua menina. Quando ela perdia a cabeça, ensinei a conversar com sua criança da seguinte forma:

"Eu sei que você gritou novamente quando poderia ter tido mais paciência e conversado, mas sei que você agiu assim porque lá na infância você não era escutada e precisava gritar para ser vista e ouvida. Os seus pais também gritavam com você, esse era o comum do seu lar, mas você não precisa mais gritar. Eu entendo como você se sente e as suas dores. Muitas vezes você apanhou muito porque gritou ou fez bagunça, sendo que você agia dessa forma apenas para que alguém lhe desse atenção. Mas agora estou aqui para te dar o amor que você não recebeu e você não precisa mais gritar. Você é importante, querida, amada e tudo o que pensa e fala é importante para mim. Não precisa mais gritar. EU TE AMO".

Aos poucos, Cátia foi relaxando, suas tensões diminuíram, as brigas cessaram e ela passou a viver em harmonia consigo mesma e com os demais.

Quando você se acolhe, levando amor para a sua criança interior, o seu estado emocional muda rapidamente, trazendo conforto para o seu coração.

@robertacalderini

Quando um adulto acolhe a própria criança, o que acontece é justamente deixar de esperar por alguém e entregar amor para si. Você se preenche de amor-próprio e transborda. É nesse momento que para de depender do outro e começa a ser mais autossuficiente e independente. E, conforme você vai fazendo esse processo (com qualquer sentimento), vai ficando cada vez mais inteira para poder, finalmente, compartilhar esse transbordar de amor e chegar ao lugar de interdependência.

CAPÍTULO 7

Passo 3: estar presente no momento

Você já ouviu alguém dizer que quem sofre de ansiedade vive com excesso de futuro e que quem sofre de depressão vive com excesso de passado? Pensando nisso, quero que você respire fundo agora e me diga: quantas vezes você aproveita o que está fazendo verdadeiramente consciente de que está no momento presente?

Eu sei que, com a modernidade e as tecnologias exigindo que nós sejamos cada vez mais ágeis e produtivos, é muito fácil se deixar levar por um ritmo acelerado que não nos permite fruir o presente. No entanto, enfrentar essa urgência desenfreada é possível e extremamente necessário. Saber ter presença é um grande poder. Quando estamos no momento presente, não existe imperfeição, pois estamos conectados com a nossa essência divina.

Você já se deu conta de como as crianças sempre vivem o momento presente sem focar o passado ou o futuro? Em que momento será que nos desconectamos desse estado de graça divina? Se nós somos seres perfeitos e uma manifestação do Criador e da Fonte Divina, precisamos deixar para trás toda e qualquer identificação com o que acreditamos ser imperfeito, porque é isso que nos dá a sensação de incompletude e falta.

Os nossos conflitos se iniciam quando acreditamos que algo não está bom o bastante ou que é insuficiente e passamos a reclamar. Sentimos que precisamos correr atrás da perfeição ou nos acomodamos na vitimização. A reclamação diária é um vício emocional que controla a mente da maioria das pessoas. Somos acostumados a enxergar a felicidade somente quando conquistamos algo e nunca valorizamos o que já temos.

Reclamamos sempre que algo não dá certo, temos uma mente doutrinada para o negativismo. O sistema de educação, as notícias de desastres, os filmes, todas as informações inseridas em nosso cérebro diariamente pelos meios de comunicação nos trazem um estilo de vida de insatisfação, o que nos leva ao negativismo e à reclamação.

Eu digo a todo o momento para mim mesma: "É proibido reclamar. Se reclamar, piora"; afinal, isso só atrai mais motivos para reclamar. A reclamação nos coloca na frequência da escassez. Já a gratidão, na da presença. A cada instante, nossa frequência muda rapidamente e passamos a vibrar positivo com bastante rapidez, sintonizando a abundância. Se você almeja um amor recíproco e abundante, você precisa vibrar abundância, e é justamente isso que a gratidão faz.

O exercício que proponho aqui é: ore e vigie a todo instante. Se perceber que está reclamando, mude rapidamente os pensamentos para a gratidão. Agradeça por tudo ao seu redor: por seu animal de estimação, seu trabalho, seu carro, sua vida, a Deus, a si mesmo. Comece a agradecer incessantemente até se sentir tranquila e confiante. Saia da vitimização e da reclamação e agradeça pelas pequenas coisas da sua vida, pelo que você já tem.

Quando você agradece, o universo traz mais motivos para você ser grata.

Quando você enxerga a perfeição que é, no seu agora e na sua vida, sua existência passa a vibrar de outra forma, como se você entrasse na sintonia perfeita que faz a vida se orquestrar em harmonia com tudo o que há. Experimente trazer sua consciência para o momento presente com a certeza de que este exato momento é perfeito, de que mesmo aquilo que não parece tão bom é exatamente o aprendizado pelo qual você precisa passar.

Não há nada de errado. Acontece que você, em algum momento, deixou de existir a partir da perfeição divina e passou a agir em um constante modo de sobrevivência – na luta ou na fuga –, porque acredita que é insuficiente. Você passou a ser reativa a tudo e a todos para se proteger desse sentimento de não pertencimento e imperfeição. E, por conta disso, o que você vê lá fora é o reflexo do que você vê por dentro. Como já falamos antes, o seu mundo externo se cria a partir das suas lentes e passa a atrair e validar tudo aquilo que você cria dentro de si. Passe a agradecer e, aos poucos, a sua vida muda de cenário.

Agora que você já sabe que é capaz de curar suas dores, quero trazer algumas ferramentas que podem ajudá-la a retornar para o presente sempre que precisar.

A prática regular da meditação nos tira do modo automático e traz a atenção para o momento presente, fazendo-nos mudar a reclamação para a gratidão. Existem muitas maneiras de começar a praticá-la e, inclusive, há uma série de aplicativos para isso hoje em dia, caso você queira se aperfeiçoar na técnica. Minha intenção aqui é fazer com que você compreenda que mesmo cinco minutos diários podem ser suficientes para trazer sua mente para o agora.

Para começar, escolha um lugar e um momento tranquilo em que você não seja interrompido nem tenha distrações. Se preferir, pode colocar um cronômetro antes de encontrar uma posição confortável para iniciar. Feche os olhos. Concentre-se em sua respiração e foque seus pensamentos, de modo que os aceite. Ao contrário do que muitos pensam, meditar não é pensar em nada, é apenas permitir que os pensamentos surjam sem lutar contra eles, mas também sem se prender a eles. Seja gentil com você mesma caso se distraia, é normal e faz parte do processo. Em seguida, escolha uma das práticas a seguir para trazer sua consciência para o presente.

- ***Respiração consciente***: respire profundamente três vezes e concentre-se em sua respiração. Perceba a sensação de como o ar entra e sai de seu corpo. Agora respire normalmente e apenas observe sua respiração sem tentar controlá-la de alguma maneira.
- ***Percepção dos sentidos:*** dedique algum tempo para observar seus sentidos de maneira consciente. Tenha atenção aos sons ao seu redor, aos aromas e sabores e às sensações físicas. Que cheiro você sente agora? Que cores enxerga? Está sentindo frio ou calor? Traga seus sentidos para a sua consciência.
- ***Conferência corporal:*** nesta prática, a ideia é trazer a atenção plena para cada parte de seu corpo. Você deve prestar atenção às sensações físicas de cada membro. Comece de baixo para cima, sinta cada dedo dos pés e vá subindo aos poucos, procurando perceber qualquer desconforto ou tensão que possa estar acumulada em alguma região.

Ao fim de cada meditação, repita para si a frase "Eu sou um ser perfeito em Deus". Costumo repetir essas palavras sempre que me pego presa a pensamentos de insuficiência e sempre que preciso trazer a minha mente para o momento presente. Meditar sobre ela sempre me ajuda a voltar minha consciência para a sintonia divina. Depois de finalizar, respire profundamente e, aos poucos, vá retomando a consciência do que está ao seu redor. Abra os olhos e mexa o corpo suavemente antes de se levantar.

As práticas acima são sugestões de exercícios para que você consiga trazer sua consciência para o presente. Assim como qualquer exercício, é preciso praticar de maneira consistente até que o domine com mais facilidade. Tenha paciência consigo mesma e, se possível, procure fazer meditações pela manhã e à noite. Se reservar de cinco a dez minutos por dia para isso, certamente encontrará sua presença divina e saberá como acessá-la sempre que precisar.

Muitas pessoas buscam a espiritualidade somente nas religiões, mas a maior espiritualidade está, justamente, em nosso espírito

PASSO 3: ESTAR PRESENTE NO MOMENTO

– em nosso interior. Por isso, repito: a perfeição está em nós. Não quero dizer com isso que você precisa deixar sua religião de lado, mas quero que você compreenda que escolher uma filosofia ou doutrina é uma escolha vazia se ela não estiver conectada com a sua alma e a sua essência.

É no silêncio interior e na presença que nós conseguimos nos conectar com uma abundância maior da nossa essência e o nosso cristal interno que nos potencializa. É nele que está nossa força interior. Mais que estar presente no momento, precisamos ter a consciência de estarmos presentes neste momento.

Garanto a você que, com essa prática diária, será cada vez mais fácil praticar o distanciamento de que precisa para voltar para si e curar o seu interior sem a necessidade de corresponder às expectativas do outro, sem querer agradar em excesso.

Muitas pessoas buscam a espiritualidade somente nas religiões, mas a maior espiritualidade está, justamente, em nosso espírito – em nosso interior.

@robertacalderini

CAPÍTULO 8

Passo 4: resgatar o equilíbrio entre dar e receber

Quando iniciamos uma nova relação, a primeira fase dela costuma ser a da paixão, conhecida como fase Eros.[18] Colocamos o outro num pedestal e não enxergamos quem ele é de verdade. Mas é só depois de sairmos dessa fase e desse sentimento avassalador que passamos para a verdadeira construção do amor: a paixão é substituída por nutrição.

Quando esse amor profundo não se constrói, é bem provável que o casal passe a desenvolver neuroses, alimentando ainda mais o amor infantil e as reações que surgem em decorrência dele. Para sair dessa situação, o casal precisará começar a curar o próprio interior, se libertar das expectativas e projeções e buscar dentro de si a força existencial.

O importante é que você perceba que enquanto houver, dentro da relação, o cultivo e a criação de expectativas, inevitavelmente haverá decepção e desentendimento. Lembre-se de que ninguém pode dar aquilo que não recebeu e que você deve ser o responsável pela sua cura, em vez de terceirizar essa responsabilidade para o outro.

---

[18] LEWIS, C. S. **Os quatro amores**. Rio de Janeiro: Thomas Nelson, 2017.

Um dos maiores desafios que as pessoas enfrentam em um relacionamento é a reciprocidade afetiva. E essa reciprocidade ocorre, justamente, a partir do dar e receber. Na lei divina da doação, diz-se que tudo aquilo que nós damos, nós recebemos de volta. Assim, quando existe um equilíbrio entre o dar e o receber, o relacionamento entra na sintonia de abundância. Ou seja, a partir do momento em que você faz algo para o outro, para a vida ou para a relação, você recebe o que deu e na mesma frequência.

Lembre-se de que um relacionamento é um campo energético: quando uma pessoa está infeliz por dentro, ela projeta as infelicidades no parceiro, passando a reclamar do outro e apontando o que falta na relação. Ao agir assim, as atitudes do outro começarão a refletir a infelicidade interna da pessoa. O parceiro é o nosso espelho interno; se algo não está bem na relação, isso é um reflexo de que o nosso interior não está bem.

Muitas vezes, quando começamos uma relação, estamos vivendo uma fase boa em que nos sentimos bem e prontos para nos abrir. Porém, logo responsabilizamos o outro por nos fazer felizes e começamos a fazer cobranças excessivas, até que, com o tempo, nos sentimos perdidos e confusos novamente. Na tentativa de mudar o outro e os motivos pelos quais ele age como age, acabamos nos desconectando de nós mesmas, por buscarmos essa felicidade fora.

Algumas pessoas sofrem de dependência emocional e amam de maneira imatura, muitas vezes dando em excesso. Quando elas fazem isso, o outro não devolve exatamente o que elas deram. Daí a importância de se dar de maneira equilibrada. Como no símbolo do infinito, o que você entrega retorna, e é a partir dessa frequência saudável do receber que o relacionamento se torna frutífero.

A prosperidade e a abundância estão estritamente ligadas à lei da doação, e uma pessoa que não crê em si mesma ou que se sente carente entende que precisa dar em excesso para compensar o que ela acredita não ter. Ao fazer demais, ela não permite que o outro tenha tempo e espaço para retribuir da mesma maneira ou,

PASSO 4: RESGATAR O EQUILÍBRIO ENTRE DAR E RECEBER

até mesmo, não sabe como receber o que vem do outro, porque não está acostumada a isso.

Conheci certa vez uma pessoa que se doava demais. Rogério, quando presenciava alguém sofrendo, se sensibilizava e abdicava da própria vida para ajudar. Ele perdia tempo e dinheiro ajudando todos ao redor, entrava em dívidas pelas pessoas, não tinha tempo para si mesmo e estava sempre se vitimizando e reclamando da vida, pois não recebia na mesma proporção.

Rogério vivia angustiado e frustrado, pois esperava que as pessoas fizessem por ele em troca, mas isso não acontecia. Ele não se posicionava, não colocava limites e nem fazia pedidos claros em relação ao que esperava do outro. Lá na infância, havia aprendido que sendo bonzinho seria amado, e assim fazia em suas relações. Mas na prática isso não dá resultado, e Rogério apenas se sacrificava e não recebia nada em troca.

Até que ele compreendeu que para ocorrer um equilíbrio nas relações era preciso haver uma troca justa. Ele entendeu que suas atitudes não o estavam auxiliando e que não era o outro o culpado, mas ele mesmo, pois fazia em excesso e não sabia falar não. Rogério começou a se posicionar, se valorizar, fazer pedidos claros e objetivos do que esperava. Parou de ser bonzinho e, com isso, naturalmente foi mudando a frequência das pessoas que se aproximavam dele. Suas relações, então, passaram a existir em uma troca justa e sem abusos.

Acredito que todo mundo que veio de um lar disfuncional tem um pouco de "Rogério", infelizmente. Quando a pessoa não se valoriza e não se ama, acaba se tornando boazinha em excesso para ter algum valor e ser amada. Mas é preciso se amar, e isso significa reconhecer que você merece receber na mesma proporção.

Compreender o fluxo do dar e receber em todas as suas relações o auxiliará a manifestar uniões saudáveis e identificar rapidamente abusos. Há aqueles que, quando começam a sair com alguém, não conseguem esperar para ver se essa pessoa também está interessada. Ficam ansiosas e tomam iniciativas exageradas, entram logo no modo agradador. Ou quando a pessoa manda uma mensagem, por exemplo, e, em vez de fazer um texto curto, mas enigmático para manter o mistério – que é importante e positivo na fase da conquista –, já se expõe completamente com uma mensagem enorme.

Se você se identifica com o que estou falando, precisa dar um passo para trás e começar a praticar os passos anteriores: o distanciamento, o acolhimento das dores e a presença. Pense um pouco sobre por que você sente essa necessidade de agradar em excesso. Será que é uma tentativa de se fazer importante para a pessoa por não acreditar no seu valor e não se sentir merecedora? Quem não se valoriza faz em excesso para justificar que tem valor, fala demais, agrada demais, explica demais, se desculpa demais e é disponível demais. Sente que precisa dar em excesso para ter valor e ser amado.

As dores que você tem carregado até agora são o que tiram você desse equilíbrio entre o dar e o receber. Elas fazem com que você se limite para caber onde não deve ou para se encaixar no que o outro espera, e não no que você é verdadeiramente, perdendo sua autenticidade.

Para compreender melhor de onde vem esse desequilíbrio, vou voltar um pouco no primeiro setênio, que é a fase em que deveríamos apenas receber. As crianças só recebem e, inclusive, têm necessidades narcisísticas saudáveis que, se são supridas, não desencadeiam o narcisismo futuramente. Crianças precisam ser abraçadas, elogiadas, validadas, reconhecidas e amadas para que cheguem ao segundo setênio bem abastecidas de amor-próprio.

No segundo setênio, quando essa criança começa a se abrir para o mundo, a frequentar a escola e conhecer amigos, ela já passa a dar um pouco para o mundo, além de receber. Ela ainda está muito presente e ainda necessita de elogios, validação e reconhecimento para fortalecer o ego, mas já precisa de limites para entender que deve retribuir também.

A adolescência é o momento de quebrar os laços com os pais para assumir a própria identidade, e é por isso que parecemos tão rebeldes quando vivemos essa fase. Se a criança teve tudo o que precisava nos setênios anteriores, passa pela fase da adolescência com

Quando existe um equilíbrio entre o dar e o receber, o relacionamento entra na sintonia de abundância.

@robertacalderini

menos turbulência para chegar ao setênio seguinte sendo um jovem adulto capaz de oferecer o melhor dela, com o potencial da essência que carrega em si.

Do contrário, esse adulto só foca a falta e a incompletude que sente, vivendo repleto de frustrações, angústias e de dependência emocional, provocando brigas, ciúmes e conflitos. Essa pessoa não consegue receber porque está dando a partir de um lugar de falta, e é por isso que reforço tanto aqui a importância de curar para se tornar completo antes de se relacionar.

A partir de agora, você precisa entrar nesse lugar no qual não é mais a criança em falta, tendo a consciência de que seus pais deram o que podiam dar. Precisa entrar em uma fase de aceitação e perdão. Seus pais deram o que podiam, diante do que receberam de seus avós, e é uma cadeia geracional. Se você se sentiu injustiçada e humilhada, é porque eles se sentiram assim também. Eles deram o que receberam. Porque nós damos o que recebemos.

O seu processo agora é se libertar disso porque você não é mais uma criança. A partir deste momento, pare de dar em excesso e corte esse fluxo para as próximas gerações, inclusive. Assim, a partir de hoje, pense no equilíbrio entre o dar e receber para tudo. Se alguém mandar uma mensagem com duas linhas, responda também em duas linhas. Se alguém procurar por você, procure de volta, mas se não, não insista. Se demorou dois dias para responder, demore também.

Muitas pessoas entendem isso como jogo, mas só interpretam assim porque estão na criança ferida, que precisa desesperadamente suprir o vazio interior. Não é jogo, é frequência. É a lei do dar e receber. Se alguém não está entregando reciprocidade, não dê mais. Volto a dizer que isso não é jogo, é amor-próprio, e vale para relacionamentos amorosos, mas também para amizades e família.

E se, infelizmente, você não sentir a reciprocidade de que gostaria, saiba que essa pessoa não é para você. Talvez seja alguém egoísta, talvez narcisista ou, simplesmente, não tenha se conectado com você. Acontece. Tenha amor-próprio – agora que você sabe o que é – para não insistir e saber que você tem todo o amor de que precisa.

Siga com a sua vida e vibre na frequência do que quer para si: alguém completo e emocionalmente maduro.

Comece agradecendo por tudo aquilo que você tem e tente colocar a sua atenção no que já está em você, e não na falta. Além disso, quando receber algo de alguém, aprenda a aceitar o que vem até você. Quando alguém elogiar você ou lhe trouxer um presente, experimente dizer "muito obrigada" e ser verdadeiramente grata pelo recebimento, em vez de "imagina, não precisava". Tenha a consciência de que você merece esse receber.

Também é importante considerar o respeito. Se você respeita a si mesma, quando estiver em um relacionamento, saberá como respeitar o outro, o espaço do outro, o jeito de ser do outro. E saberá também como colocar limites. Afinal, o limite e o respeito estão intimamente conectados. Se você souber reconhecer e respeitar o seu próprio espaço, não sentirá a necessidade de invadir o espaço do outro e saberá, inclusive, como reconhecê-lo.

Aqueles que julgam e criticam os outros demais tendem a ser extremamente críticos consigo e podem se diminuir com pensamentos negativos. Pensamentos negativos em relação a nós mesmos também é uma forma de desrespeito. Sempre digo que as pessoas precisam trabalhar bem o respeito para estarem fortes para si quando estiverem em um relacionamento. Assim, além de saber como reconhecer o respeito que merecem, saberão também como não aceitar o desrespeito dos outros, principalmente nas comunicações.

O não agir

Em muitas situações, existe uma sabedoria muito grande em simplesmente não fazer, em simplesmente respirar fundo e confiar que as coisas vão dar certo; esperar o tempo certo para tudo acontecer. O que entra nisso é discernimento, além da clareza de saber o momento certo entre agir e não agir.

Toda ação precisa vir do coração, de um movimento interno e coerente, conectado com o nosso coração.

@robertacalderini

PASSO 4: RESGATAR O EQUILÍBRIO ENTRE DAR E RECEBER

Não agir exige uma sabedoria muito grande de saber qual é o momento de não agir, de esperar que o outro promova alguma ação. Por exemplo, se uma mulher teve uma vida muito dura já na adolescência, época em que precisou cuidar dos irmãos e trabalhar cedo, sendo responsável pelos familiares, é bem possível que ela tenha passado a agir em excesso e no automatismo, se desconectando de sua energia feminina. Se ela entra em um relacionamento desconectada do coração, não consegue ter a sabedoria de esperar para ser cuidada, de aceitar que façam algo por ela ou de olhar o outro com empatia. Ela está habituada a fazer tudo para todos e precisa reencontrar esse equilíbrio dentro de si.

Ter essa percepção de si, de quais são suas dores e desequilíbrios é a chave para começar a atrair relações mais equilibradas. Quando temos o equilíbrio do feminino e do masculino, nós nos relacionamos com nutrição e sabemos o momento certo de agir e não agir. Essa linha tênue é a grande sabedoria de um relacionamento abundante. Em um momento, você cuida; em outro, você é cuidado. Em um momento você vai atrás da pessoa; em outro, você espera. O equilíbrio entre as duas coisas é que é uma sabedoria muito grande.

Isso precisa existir no momento certo para não desequilibrar a lei do dar e receber. E quando nós estamos no equilíbrio das energias feminina e masculina, isso vem de uma forma muito efetiva. As ações e as palavras são coerentes e eficientes. Para termos esse resultado, precisamos estar conectados com o nosso interior – trazer e fazer os passos anteriores, não se deixar levar por situações, praticar o distanciamento, interiorizar, conectar com o nosso propósito e respeitar o universo.

Saber buscar essa sabedoria divina, de Deus e da intuição também é fundamental para as relações equilibradas. Nós estamos tão acostumados a viver achando que damos conta e que sabemos de tudo que esquecemos que existe uma sabedoria muito maior, da onipresença divina, a sabedoria de Deus. É uma sabedoria atemporal. Uma inteligência que não está nos livros, mas na inteligência da confiança. E nessa confiança nós relaxamos e sabemos o momento certo de agir ou não agir.

Existe uma sabedoria divina que é chamada "lei do mínimo esforço", e ela traz o equilíbrio do dar e receber. Quando você entra na lei do mínimo esforço, sabe o momento certo de agir – porque quando você age, recebe muito e vai receber em troca – e o momento certo de não agir – porque é o momento de o outro fazer isso.

Assim, quando você age, você não vai agir simplesmente por agir, mas vai agir conectado com o amor e com aquilo que faz sentido para você. A maioria das pessoas está agindo por agir, esperando que exista uma validação externa, e nisso se desequilibram. A grande sabedoria é agir com conexão, com o valor, com a alma, com respeito a si mesmo e ao outro. Agir com a certeza de que você está fazendo a partir do coração.

Se existe algum pecado na vida, esse pecado é se distanciar do coração e de quem somos. A todo momento, você deve se perguntar: "Essa ação que eu estou fazendo está condizente com a minha alma ou está vindo de um lugar de sofrimento?". Se estiver vindo de um lugar de sofrimento, de angústia, de dor, pare tudo o que você está fazendo e volte aos passos anteriores.

Distancie-se, reconecte-se, faça os sete passos anteriores e encontre propósito nessa ação. Cure seu interior antes de mais nada. Se você não curar essa dor interior, não curar essa criança ferida, vai viver repetindo esse padrão. Pare de viver no automático enquanto repete ações erradas. Suas ações não podem vir apenas do mental, apenas da reação, da reatividade e do automatismo. Toda ação precisa vir do coração, de um movimento interno e coerente, conectado com o nosso coração.

E, se você estiver fazendo algo que sua alma esteja dizendo para não fazer, dê um passo para trás e respeite a sua alma. Confie na graça divina porque Deus tem algo muito grande para você. Talvez você esteja lutando contra algo, insistindo em coisas que não dão certo e batendo a cabeça porque está desconectado de sua essência divina. Pare, volte, respire e deixe Deus atuar na sua vida.

CAPÍTULO 9

Passo 5: cultivar a individualidade

Uma relação saudável conhece os limites e as individualidades de cada um. Aliás, sempre digo que o maior erro das pessoas em uma relação está nas questões da individualidade. Cada pessoa é o seu próprio centro. Quando se entra em uma relação, aquele fervor do início faz com que um se funda com o outro. Nesse fundir-se com o outro, quando se é emocionalmente maduro, tem-se a certeza de que, apesar da união, a pessoa não se perde da sua individualidade; se estão juntos ou distantes, cada um continua sendo o seu centro e tem o seu sentido existencial. Aliás, saber viver momentos separados é extremamente importante para a relação.

Já sabemos que uma pessoa que ama maduro constrói relações saudáveis, e se o outro não corresponder, sabe o tempo certo de dar um basta e preservar a sua saúde emocional. Se sempre que você entra em um relacionamento sente que se esquece completamente de quem é, das amizades, do trabalho, da família e começa a viver integralmente para o outro, reconheça esse sinal como um convite para uma mudança necessária.

Só é possível se recuperar em um relacionamento quando você começa a buscar a sua individuação. Individuação[19] é um termo

---

[19] JUNG, C. G. **Cartas I**: 1906-1945. Petrópolis: Vozes, 1999.

criado pelo psiquiatra suíço Carl Jung, responsável por fundar a psicologia analítica. Segundo Jung, individuação é um processo psicológico que consiste na realização do "si mesmo", processo pelo qual a pessoa aceita a sua singularidade, torna-se realmente quem é.

Todo mundo tem uma expressão própria. Todo mundo é um ser único. Todo mundo tem seus gostos, aquilo que faz e aquilo que quer. E isso faz parte da sua alma. Entenda que nem tudo o que toca a sua alma toca a alma do outro, e isso não quer dizer que vocês não possam se amar e viver harmoniosamente numa relação.

Então, se você gosta de frequentar restaurantes orientais, por exemplo, e seu parceiro não, isso não quer dizer que você precisa deixar de fazer isso nem o obrigar a comer o que não gosta. Não são as diferenças e as individualidades que estão prejudicando seu relacionamento, é justamente a falta de apreço por elas.

O problema é que as pessoas deixam de fazer o que verdadeiramente gostam ou, pior, nem sequer sabem do que gostam mesmo. Ao tentar constantemente viver para agradar o outro, as pessoas se perdem. E fazem isso também fora das relações afetivas, na procura de aprovação social. Quantas vezes você já fez um corte de cabelo de que nem gostava tanto assim só porque entrou na moda? Ou, de repente, comprou uma peça de roupa que nada tinha a ver com a sua personalidade só porque todos os seus amigos estavam usando uma? Isso também é se perder de si. Falta autenticidade.

Quando você encontrar a si mesma, seja fiel a estas respostas e não se venda por nada. Saiba que seu bem mais precioso é a sua individualidade. Abraçar essa individualidade é mais um grande passo em direção à sua cura interior para que você finalmente se sinta completa e abundante.

Perceba quanta beleza há em ser um ser único. Não existe ninguém igual e tão especial quanto você. Você é maravilhosa por ser quem é e pela sua essência. Essa beleza que você carrega precisa brilhar e ser vista, e é você quem precisa se reconhecer pela grandeza que é. Na sua essência, você é luz e perfeição, e a única coisa que a

PASSO 5: CULTIVAR A INDIVIDUALIDADE

impede de aflorar e transmitir essa perfeição são as ilusões que você tem escutado e nas quais tem acreditado ao longo da sua vida.

Comece a dizer não para todas essas mentiras e passe a dizer sim para a sua verdade maior: que você é única, especial, luz e perfeição. Jung[20] chamava esse processo de diferenciação e desenvolvimento da personalidade de um indivíduo de individuação. É a partir dessa individuação que você se destaca em uma grande multidão e traça seu crescimento pessoal dentro do autoconhecimento.

A pessoa individualizada não se preocupa com o que o outro está pensando dela e também não se acha melhor nem pior do que o outro, ela simplesmente é. Ela não está preocupada em decepcionar ou não, porque sabe que existem pessoas que vão amá-la porque estão na mesma frequência que ela. Sabe também que há quem pense diferente dela e que não há problema algum nisso, porque não é preciso agradar a todos.

Ao mesmo tempo, ela respeita as diferenças, porque sabe que o mundo se complementa a partir delas. Todos somos diferentes, mas maravilhosos e perfeitos; cada ser é único. E para, finalmente, passar por esse processo de autoaceitação e receber toda a sua individualidade, é preciso se curar e deixar os falsos eus e suas máscaras para trás de uma vez por todas.

A seguir, quero propor um questionário que a ajudará a descobrir quem você é na sua essência. Se sente que se perdeu de si, tente lembrar quando e por que isso aconteceu. E se não se perdeu e sabe bem quem é, se fortaleça nas suas características ainda mais. Elas são o que a tornam única.

Encontre um momento de tranquilidade para responder ao questionário a seguir. Se precisar de algum tempo para encontrar as respostas, permita-se esse tempo, mas não deixe de responder às questões.

---

[20] BOLETIM clínico – número 20 – julho/2005. **Clínica Psicológica Ana Maria Poppovic**, jul. 2005. Disponível em: https://www.pucsp.br/clinica/boletim-clinico/boletim_20/boletim_20_11.html. Acesso em: 04 dez. 2023.

1. Quais são suas paixões, hobbies e interesses?
2. Quais são os seus sonhos?
3. O que faz sentido para a sua alma?
4. Quais são os seus valores?
5. O que é essencial na sua vida?
6. De que cores você gosta?
7. O que gosta de comer?
8. A que tipo de filme/série gosta de assistir?
9. Você sabe quais são suas músicas favoritas?
10. De que tipos de roupa você gosta?
11. Que estilo de vida inspira você?
12. Quais sãos suas metas na vida?
13. Que lembranças ternas você carrega da infância?
14. Quais vivências você sente que moldaram quem você é hoje?
15. Quais são as coisas de que mais gosta em você? E de quais não gosta?
16. O que você gostaria de aprender que ainda não sabe?
17. Quais foram os relacionamentos mais marcantes da sua vida?
18. De quais habilidades e competências você se orgulha?
19. O que você faz ou fala que faz o seu coração vibrar?
20. Que lugares fazem você se sentir conectada com a sua alma?
21. Que estilo de pessoas nutrem a sua vida social?

Esse questionário é apenas uma sugestão de ponto de partida para que você comece a se conhecer melhor e se respeitar, e isso não acontece quando você se relaciona com pessoas ou vai a locais que não a preenchem. A jornada do autoconhecimento é eterna e vale cada degrau, mas lembre-se de que você é uma imensidão e que sempre terá muito a aprender sobre si.

PASSO 5: CULTIVAR A INDIVIDUALIDADE

MINHA VEZ NO AMOR

CAPÍTULO 10

Passo 6: ser autêntica

Aprender a ser você mesma tem a ver com ser autêntica, e a autenticidade é ser fiel à sua essência, à sua alma e ao seu coração. É preciso se reconectar com a bússola do seu coração. Devido às suas sombras, sua mente levou você para um lugar distante da voz do amor. Lembre-se de que seu coração inclui, recebe, acolhe, intui e nutre.

Ao se afastar dele – que é morada da sua essência – para não encarar as dores e mágoas que estão lá, você perdeu um pedaço de si e passou a agradar o outro para ser amada e não se machucar novamente, ou então se fechou totalmente para o amor. O caminho para amar e ser amada consiste em reconhecer e integrar as próprias sombras e alinhar-se com o coração, assumindo a si mesma.

Quando você se liberta das suas máscaras e sombras, liberta-se da necessidade de agradar, de ser boazinha ou de tentar salvar os outros a todo o momento. Você também se liberta do sentimento de impostora porque finalmente reconhece a potência de saber quem é e o que quer para si mesma. Ser fiel a si, se honrar, se respeitar e se enxergar a partir desse ângulo divino que é a sua essência é uma sensação libertadora e de muito preenchimento.

Há pessoas que têm tanta falta de autenticidade que, para conquistar um parceiro, se moldam para tentar ser exatamente aquilo que o outro espera, manipulando respostas e até mentindo ou omitindo informações para caber na expectativa do outro. Pode parecer algo complexo de se sustentar, mas infelizmente acontece com muita frequência. O problema disso é que quanto mais se insiste em ser alguém diferente de quem se é, mais a alma é ferida, aumentando o vazio interior de que tenho falado tanto até aqui. E repito: não é possível preencher esse vazio com o outro.

A maior libertação que alguém pode experimentar é justamente não depender da aprovação de ninguém, principalmente do seu parceiro em sua relação amorosa. É aí que mora a força para aprender a falar quando algo incomoda, sem medo de ser julgada ou abandonada. Sua força está em ser exatamente quem você é, portanto, abrace a sua autenticidade, e perceberá que a autoaceitação é a chave para desamarrar muitos nós que têm se repetido no seu caminho.

É importante dizer também que, quando falo autenticidade, não me refiro a um estilo de roupa nem a um corte de cabelo que você goste de usar. Mas a autorrespeito, amor-próprio e propósito. A ser fiel a si, ao que você espera e ao que quer alcançar na vida. Quando você faz isso por si, atrai pessoas na mesma frequência e não sente a necessidade de estar e se fazer caber em ambientes que desagradam.

Já atendi muitos pacientes que prostituíam as próprias vontades e desejos, muitas vezes para caber em lugares que não queriam estar, para agradar pessoas com quem nem sequer gostavam de conviver e que não faziam o menor sentido para a alma deles. Nesse comportamento, aos poucos, eles se desconectavam de quem eram e do que gostavam de verdade, simplesmente para se sentir parte de algo, para pertencer.

No fundo, essa sensação de pertencimento não trazia o preenchimento de que precisavam, porque não estavam sendo verdadeiras com elas mesmas. Se você sente um chamado da sua alma para fazer algo, se gostar de coisas que fazem com que você se sinta viva, saiba que isso tem a ver com a essência da sua alma e com o propósito

PASSO 6: SER AUTÊNTICA

que veio traçar aqui. Não deixe que isso se perca em meio à vontade de ser amado. Se posicione. Diga. Faça.

Você encontra uma autenticidade muito grande quando não escolhe mais nada pensando no outro, mas escolhe por que isso faz sentido para você. Se pergunte e cada ação e escolha: "Isso faz sentido para a minha alma? Isso vai nutrir a minha alma?".

Quando você está na sua potência, não há dúvidas, as coisas acontecem no momento certo, parece que uma mágica ocorre e tudo se concretiza naturalmente. Você está sempre no lugar certo, na hora certa e com a pessoa certa. As oportunidades e os reconhecimentos surgem, você ilumina.

Quando você agrada demais, acaba se limitando ao que imagina que o outro espera de você; quando você é autêntica, transcende ao que o outro espera e mostra a sua potência ao mundo. Você sorri, é leve, tem a palavra certa e se torna admirável.

Ser você mesma não é ser melhor nem pior que ninguém. Em *O livro de ouro de Saint Germain*,[21] é ensinado que no ser não há ego, que, quando falamos EU SOU, acessamos a primeira expressão na evolução da individuação. EU SOU significa reconhecer sua própria divindade. Significa sair de adjetivos, nomes próprios, características físicas ou intelectuais e apenas ser a sua essência. Sempre que se sentir insegura em relação a si mesma, faça o seguinte exercício: diga EU SOU e bata com o punho fechado no centro do peito três vezes.

Não deixe que a vaidade o domine. Você não precisa de aplausos, muito menos de elogios. Uma crítica pode ser construtiva, mas não pode abalar a sua autoestima. No EU SOU não há lugar para dúvidas em relação a si mesma, você já é o seu valor, já é a sua grandeza. Não precisa que ninguém a aprove ou valide. Faça isso você mesma.

Não tem a ver com o outro, mas conosco, sempre. O amor começa e termina em nós, encontre-o em você e encontrará o amor no outro. Não se esconda, você é maravilhosa demais para se esconder atrás de sombras e máscaras, então se mostre com ternura,

---

[21] SAINT GERMAN. **O livro de ouro de Saint German**. Joinville: Clube de Autores, 2019.

Viver uma vida com sentido requer autenticidade e alma.

@robertacalderini

delicadeza e amor. Ser delicada é ser elegante. Ser doce e amorosa é divino.

Quando você cultiva a sua individuação, sendo fiel a si mesma, curando a sua criança ferida, a sua autenticidade volta quase que naturalmente porque quem é autêntica vive de acordo com a própria verdade e não se preocupa mais com a opinião do outro. Quando você conhece a si, sabe reconhecer suas emoções, tem a certeza de quais são seus valores, desejos e crenças reais, não consegue sequer suportar a ideia de viver uma vida que não esteja conectada às suas verdades internas.

Pratique o distanciamento, acolha as suas dores, exercite a presença, observe o equilíbrio do dar e receber e respeite a sua individualidade. Não aceite menos que a reciprocidade. Suas feridas não a definem, sua essência é muito maior e transborda porque você faz parte da Fonte Divina. Você é autêntica e sabe fazer escolhas conscientes a partir de tudo que ressoa com a sua essência e com quem você verdadeiramente é.

Quem cultiva a individuação e reconhece a própria autenticidade faz escolhas a partir da intuição porque sabe ouvir a voz do amor, principalmente do amor-próprio. Sente no coração tudo aquilo que a alma pede para mudar. Mas quem vive se enchendo de externo sente que a vida se torna cada vez mais rasa.

Tenho recebido cada vez mais casos em meu consultório de pessoas que querem mudar de emprego, de casa, de cidade e de vida porque nada mais parece ter sentido. A maioria dessas pessoas passou a vida toda tentando agradar os outros e vivendo para se encaixar em expectativas que não faziam sentido para a própria alma. Viver uma vida com sentido requer autenticidade e alma.

A autenticidade está em finalmente dizer sim para si, e não para aquilo que esperam de você. Em menos ter e mais ser, em menos materialismos e relações superficiais e rasas e mais essência e conexão com amor de verdade. Diga não para tudo aquilo em que você não quer se enquadrar ou que não faça sentido com o que verdadeiramente gosta e faz com que você se sinta viva. Eu mesma passei grande parte da minha vida pensando na aprovação que teria dos outros, e hoje posso dizer que vivo uma vida muito mais abundante e plena porque me desprendi dessas expectativas.

É essa autenticidade e a nutrição da alma que trarão o calor necessário para aquecer os corações gelados. Não quero dizer que você não precisa cumprir com as suas responsabilidades familiares e profissionais, mas durante o seu momento de lazer, reflita se o que tem feito realmente traz o entusiasmo que a sua alma pede. Quando você vive para agradar e não nutre sua alma, isso respinga em seus relacionamentos, principalmente no início das relações.

Não deixe que o seu verdadeiro eu se perca. Ouça a voz do amor, ouça a sua intuição e nutra a sua alma com aquilo que faz você se sentir viva. Ser autêntica é aceitar a si mesma, a seus pontos negativos e positivos, buscando a melhoria contínua deles. É entender que cada pessoa é única e especial e que seremos amadas por quem somos.

Ser autêntico é compreender que nem todo mundo vai nos amar, e está tudo certo, não precisamos agradar a todos. Ser autêntico é compreender que uma pessoa de sucesso só chegou nessa posição porque foi além dos medos, das críticas e das rejeições.

Ser autêntico é transformar um não em um sim, é olhar o outro pela sua essência, e não pela sua imagem nem pelos seus títulos. "Simplesmente seja" é uma frase simples, mas de muito poder.

As pressões sociais

Você sabe o que quer para a sua vida ou está apenas seguindo o roteiro que a sociedade diz que deve ser cumprido?

Conhecer a si mesma e saber o que está por trás das suas vontades é fundamental para ter certeza das suas escolhas diárias. Muitas mulheres, quando chegam ao quinto setênio, próximo aos 35 anos, começam a sentir uma cobrança gigantesca. E não é só uma cobrança social, mas também biológica, principalmente em relação à maternidade.

A questão é saber se essa vontade de ser mãe é sua e genuína ou se é algo que você sente que lhe foi imposto. Existem muitas famílias mais conservadoras que podem reforçar e projetar essa expectativa nas nossas relações.

Além disso, independentemente de conservadorismo e a cobrança familiar, para a mulher existe um peso maior e inegociável: o tempo biológico. Então, se uma mulher tem o desejo de ser mãe e começa a chegar perto dos 35 anos sem encontrar um parceiro, ela pode se anular e aceitar um parceiro a quem não ama de verdade, apenas para preencher esse desejo de criar uma família. Mas essa família será desenvolvida a partir de uma relação saudável?

Aqui, aproveito para fazer um recorte importante, já que a visão da maternidade, e também das relações amorosas, pode variar muito de acordo com fatores como cultura, religião e classe social. Por exemplo, dependendo da religião, a possibilidade de separação de um casal vai totalmente contra os sacramentos do matrimônio. Então, como fica um relacionamento tóxico se as pessoas não podem se separar?

Também por conta de religiões e de algumas culturas, há quem case muito cedo ou nem conheça bem a pessoa com quem está se casando. Muitas pessoas se veem obrigadas a continuar em relações disfuncionais simplesmente para cumprir papéis sociais e, muitas vezes, não conseguem se libertar. Já tive muitas pacientes assim, que conheceram o parceiro na igreja e se casaram às pressas para depois viver uma relação abusiva, inclusive com agressões físicas, das quais se sentem reféns por conta da religião que seguem.

As cobranças familiares também têm um peso grande para algumas pessoas. Se na sua família o divórcio ou a separação é visto como algo de grande impacto negativo ou se a maternidade é praticamente uma exigência, você pode ficar confusa em relação ao que quer verdadeiramente. Nem todas as mulheres têm a vontade intrínseca de ser mãe. Às vezes, a alma pode sentir a necessidade de carreira, de profissão, de viajar, de ir para o mundo, mas a cobrança familiar é tão grande que algumas abdicam de tudo para suprir essas exigências.

Afinal, como ter um lar funcional se não sabe quem você é e o que quer para si? Constituir família é algo que precisa ser bem estruturado. Senão a disfunção se estende pelas gerações seguintes e podemos chegar até casos extremos, como algumas mães superprotetoras que não deixam os filhos casarem e sair para o mundo, que sabotam o relacionamento deles por medo de ver o ninho vazio.

Então, pense comigo: quanto você tem deixado que as projeções do sistema, da religião e da família interfiram no seu livre-arbítrio, nas suas escolhas e na sua autenticidade? Perceba que o problema nasce, novamente, da intenção de tentar agradar a outro sem que isso faça sentido para você.

CAPÍTULO 11

Passo 7: encontrar o seu propósito

Você se sente verdadeiramente conectada com quem é? Conhece sua própria essência e o que te faz se sentir preenchida? Um forte sinal de que você tem vivido sem estar conectada consigo mesma é a constante sensação de vazio. Essa falta de sentido existencial pode ser vista de diversas formas e em diversos níveis. Assim, a primeira coisa que precisamos pensar é em que nível está a sua falta de sentido existencial. É na sua vida afetiva? No seu trabalho? Na sua espiritualidade? Na família? Nas amizades?

Não é raro encontrarmos pessoas ocupadas e no excesso de energia masculina que dizem se sentir felizes com a rotina que levam. Porém, no trabalho, no amor e na família há uma imensa sensação de não pertencimento, porque falta sentido para a alma. Esses indivíduos podem até silenciar esse desconforto em baladas, festas e comportamentos compulsivos, mas a verdade é que usam o excesso de ação para não sentirem a dor do vazio que se faz presente nos momentos de solidão. Há uma tristeza ali ou até uma depressão, mas preferem ir para os excessos em vez de olhar para o que está acontecendo bem na frente (e dentro) delas. Vivem de excessos vazios.

O caminho está em encontrar amor e propósito em tudo o que fazemos.

Um propósito profissional traz significado para si e para a humanidade, traz sentido existencial. Quem trabalha com propósito, com algo que ama, já começou a despertar para um nível elevado de consciência. A pessoa não trabalha só por trabalhar ou só para ganhar dinheiro, se alimentar e sobreviver. Viver é deixar algo no mundo, um legado que converse com a sua alma, é construir coisas diferenciadas, fazer o que se ama e verdadeiramente existir. E existir não é só sobreviver. É encontrar o amor dentro de si e naquilo que se faz.

Quando buscamos a nossa cura e o amor pela vida, descobrimos o nosso sentido existencial. Por mais contraditório que pareça, para nos sentirmos preenchidos, precisamos olhar para o vazio, pois é nele que encontramos o que nos torna dependentes do outro: a baixa autoestima, a falta de amor-próprio, a desvalorização pessoal, o não pertencimento, a necessidade de aprovação, a carência e o senso distorcido em relação a nossa imagem pessoal.

Encontrar sentido e propósito no relacionamento amoroso é um desafio maior que no trabalho, porque não está relacionado somente com o que você faz e entrega para o mundo, mas também com o que o outro faz e entrega para você. Nessa relação a dois, a exigência acaba sendo maior, porque, como já falamos antes, há uma série de projeções e expectativas.

Quando você tem clareza de qual é o seu propósito, todos os esforços para alcançar os seus objetivos se tornam mais leves e fluidos, porque você encontra uma profunda realização pessoal e uma sensação de satisfação e preenchimento espiritual. Seu propósito está alinhado com os seus valores, suas paixões e suas habilidades únicas que a tornam autêntica, daí a importância de saber reconhecer essa autenticidade.

Percebe como tudo está conectado e como encontrar sua cura interior é a resposta para alcançar uma vida mais plena e abundante em todos os campos da vida? Quando você se sente completa, consegue transbordar amor e encontrar relações mais saudáveis que vibrem na mesma frequência que a sua. Você sabe reconhecer o seu valor e sabe exatamente aonde quer chegar porque tem um propósito claro. Vale ressaltar que não é preciso que o seu propósito seja extraordinário ou grandioso, mas, para reconhecê-lo, é fundamental que ele faça sentido para a sua alma.

Ter um propósito nos engrandece e faz com que nós não nos tornemos reféns do outro em uma relação, até porque, a relação que cultivamos com nós mesmas deve vir antes de qualquer outra. Quando você faz algo para si, para se sentir realizada e inteira, percebe claramente como isso a satisfaz, potencializa o seu amor-próprio, autoconfiança e autoestima – ingredientes perfeitos para encontrar as forças para sair de um relacionamento abusivo ou infeliz, por exemplo.

Ter um propósito preenche. E, assim, você não se sente vazia e com a sensação de que precisa de algo externo para se suprir. Quem acorda todos os dias com a certeza do próprio propósito, agradece pela vida e sabe que tem para onde ir caso uma relação não dê certo. Há rumo, há caminho, há motivos para seguir em frente. Você pode até estar triste, mas sabe que tem algo que precisa cumprir porque o propósito é maior que você mesma. É sua missão no mundo e a conexão com algo maior e que está além.

Nosso propósito pode até começar por nós, mas no fundo nós sabemos que ele não é só nosso. É o chamado divino para fazer a diferença no mundo. E nós o encontramos quando percebemos que nossas ações a partir desse propósito engrandecem o mundo, o meio ou as pessoas ao nosso redor. A partir de então, nos sentimos ainda mais preenchidos porque ganhamos um enorme senso de importância dentro de tudo que há.

Quando você descobre o seu propósito, não se sente como uma marionete da sociedade, deixa de viver no modo automático e para os outros. Você passa a viver com sentido, e esse é um passo gigantesco que reflete em suas relações. Porque você deixa de ser emocionalmente dependente, buscando a felicidade no outro ou vivendo para o outro. Passa a ter um eixo estrutural muito forte em si mesma.

Viver é deixar
algo no mundo,
um legado que
converse
com a sua alma,
é construir coisas
diferenciadas,
fazer o que
se ama e
verdadeiramente
existir.

@robertacalderini

PASSO 7: ENCONTRAR O SEU PROPÓSITO

Mas, afinal, como então descobrir o seu propósito?

Antes de mais nada, é preciso ter como objetivo encontrá-lo. É um processo muito pessoal e que exige muita reflexão e autopercepção. É bem possível que você não acerte na primeira tentativa e que precise experimentar uma série de vivências antes de encontrar aquilo que fará sentido para sua alma. Algumas pessoas encontram propósito no trabalho, outras em cuidar da família, algumas encontram na arte e outras na ciência. Não há uma fórmula mágica para isso, mas esteja atenta a tudo aquilo que ressoe com seus valores e com o que lhe traz entusiasmo.

Pode ser que você esteja, hoje, em uma carreira e que precise fazer uma transição. Ou, pode ser que mesmo dentro da sua carreira você consiga se reinventar e descobrir uma parte não explorada e que faça mais sentido para você. Por exemplo, tenho uma paciente que era arquiteta e vivia fazendo projetos, até que se deu conta de que sentia um prazer muito maior no trabalho quando fazia decoração. Ela percebeu que a decoração nutria sua alma, trazia sentido existencial para ela e fazia com que se sentisse engrandecida sempre que entregava uma nova decoração para um cliente. Sentia um preenchimento muito maior do que quando entregava os projetos. Aos poucos, então, ela começou a fazer a transição de carreira e se sentiu mais plena. Foi um desafio, porque ela precisou trabalhar muitas horas mais por algum tempo, mas, por ter clareza de seu propósito, acordava motivada todos os dias para ir atrás do que queria.

Comigo também foi um processo até encontrar o que verdadeiramente me fazia sentir viva. Eu era diretora comercial e sabia que não estava feliz, então comecei a tentar uma transição de carreira experimentando o mundo da moda. Depois, parti para a pedagogia, mas percebi que ainda não era isso. Eu estava quase lá, e quando descobri a área de desenvolvimento humano, me apaixonei de verdade e foi uma loucura! Eu dormia e acordava completamente apaixonada e interessada pelo que estudava e, de repente, tudo começou a se encaixar e fazer sentido. A vida passou a fluir melhor, as coisas foram acontecendo e percebia o brilho nos meus olhos. Encontrei sentido e força de viver.

Como disse antes, não há fórmula mágica que fará com que você encontre o seu propósito, mas a seguir trago algumas dicas para ajudá-la nessa busca:

- **Pratique o autoconhecimento:** reflita sobre si mesma e tenha clareza do que você gosta, quais são seus valores e sua paixão. Tenha um caderno sobre si e faça anotações de tudo aquilo que a faz se sentir realizada e autêntica. Saiba quais são suas características marcantes e quais valores são inegociáveis para você.
- **Esteja aberta a mudanças:** quem você é hoje não é quem você foi no passado, mas tudo o que você fez até então a está levando ao seu propósito, você só precisa se reinventar. Seja flexível, resiliente e interessante. Não tenha medo de mudar e de experimentar o que aguça a sua curiosidade.
- **Não deixe que isso seja um peso em sua vida:** encontrar seu propósito não pode ser algo penoso ou forçado. Confie na força divina, peça orientação para Deus e observe os sinais. O seu propósito se apresentará a você a todo instante, por partes, basta sentir os sinais que a sua alma demonstra.
- **Converse com outras pessoas:** aquilo sobre o que você ama conversar com amigos é o principal indicativo do seu propósito. Quando você passa horas falando de algo e a sua alma sai preenchida, pode ter certeza de que esse é o seu propósito.
- **Respeite sua alma:** quando algo toca a sua alma e faz você vibrar, esse é o seu propósito; não duvide, escute os sinais do seu coração e de todo o seu corpo. É nele que você encontrará a resposta. Se não se sentiu completamente preenchida e entusiasma com o que está experimentando, aí está a deixa para que continue investigando. Seja fiel à sua essência e aos seus sentidos, nem que seja preciso abdicar de algumas coisas.

PASSO 7: ENCONTRAR O SEU PROPÓSITO

Encontrar seu propósito vai facilitar todos os passos anteriores, fazendo com que eles não sejam tão pesados de se praticar. E, por sua vez, os processos anteriores também ajudarão você a encontrar esse propósito, fechando o ciclo de cura interior. Lembre-se de que todo processo novo começa com maiores desafios e que, aos poucos, vai se tornando mais simples e fácil. Seja gentil consigo mesma e tenha paciência.

Não há respostas definitivas quando você se permite escutar a voz do amor, porque há sempre aprendizado e crescimento ao longo do caminho. Simplesmente seja você e abrace toda a potência de ser única neste mundo. As vibrações e as frequências cuidarão do resto. Confie.

A mudança está à sua espera

A visão da nova era do autoconhecimento mostra que tudo na vida é frequência. Jung, na sua psicologia analítica, já trazia o termo sincronicidade para mostrar que tudo ocorre a partir das coincidências significativas para o olhar do observador. Já a mecânica quântica[22] parte do princípio de que tudo é energia. Mas, em resumo, o que isso quer dizer?

Quando saímos de uma consciência mecanicista, compreendendo que o ser precisa vir antes do ter, para que esse ter seja uma reflexão de nosso eu interno, consequentemente compreendemos que somos os únicos responsáveis por tudo aquilo que atraímos. Tenho certeza de que você já cansou de ouvir que pensamento positivo atrai coisas positivas, mas a verdade é que o que atrai positividade são as suas emoções positivas. Pensar positivo é fácil, sentir positivo é que é complexo.

---

22 DISPENZA, J. **Quebrando o hábito de ser você mesmo**: como reconstruir sua mente e criar um novo eu. Porto Alegre: Citadel, 2018.

Uma pessoa negativa, que só reclama, fica estagnada nos conflitos. A reclamação atrai mais motivos para reclamar. Porém, a gratidão nos torna abundantes, pois atraímos mais situações positivas para agradecer. Por isso é tão importante se curar internamente, sair da vitimização, parar de reclamar da vida, do outro e começar a enxergar a beleza nos pequenos detalhes. Ao se tornar uma pessoa positiva e grata, você entra em uma outra frequência, e milagres acontecem.

Saiba que, quando a gente entende que o que o outro faz não tem a ver com outro, e sim conosco, a vida pode fluir de uma maneira mais descomplicada e com menos atritos. E, quando você passa a vibrar em uma frequência mais otimista, consequentemente atrairá novas experiências repletas de positividade dentro das relações afetivas.

A energia que emanamos para o externo se entrelaça com o universo e com tudo o que há. A partir disso, nós acabamos entrando em frequências de energia ressoantes, assim como as ondas que surgem de uma pedra jogada em um lago. Se jogamos uma pedrinha na água, essa água criará ondas por toda a extensão. Se jogarmos uma segunda pedra, as ondas se encontrarão como duas frequências que correspondem à mesma onda emitida.

Assim funciona com a energia emitida por nosso cérebro, que emite uma frequência que atrairá outras ondas de frequência correspondente a que estamos emitindo. E é exatamente isso que fazemos quando repetimos amores imaturos. Estamos reféns de nossos traumas e tendemos a escolher exatamente aquilo que reforça e valida essa crença dentro de nós. Fazemos de tudo para reviver o trauma, na tentativa de conseguir sair dele e provar que temos essa capacidade, só que, na verdade, isso é apenas uma armadilha, porque caímos no congelamento novamente e permanecemos em um círculo vicioso.

Era esse o caso de Vitória, uma paciente que sofria de dependência emocional. Ela se apaixonava perdidamente logo nas primeiras semanas, esquecia de sua vida pessoal e focava cem por cento no companheiro, e com isso suas relações não duravam muito tempo.

A energia que emanamos para o externo se entrelaça com o universo e com tudo o que há.

@robertacalderini

Vitória atraía um padrão de homens abusivos que se aproveitavam de sua gentileza, não a assumiam, traíam, tratavam com ignorância, e mesmo assim ela continuava aceitando migalhas e vivendo em função do outro, o que fazia com que se aproveitassem ainda mais dela. Ela passou a vida vivendo pelo outro, dependendo de aprovação externa, boazinha demais, agradando em excesso, mas sempre acabava rejeitada.

Quando começou a praticar os sete passos, começou a focar sua individualidade, seu propósito, a se valorizar e selecionar melhor os homens com quem se relacionava e não se dedicava em excesso pela pessoa. Ela começou a focar sua melhor versão, se tornou uma mulher cada vez mais inteligente e atraente e passou a ser valorizada.

Tudo é um campo frequencial, por isso, torne-se a sua prioridade. Seja doce, não perca a ternura, o brilho e a leveza da alma, mas seja firme em relação aos seus valores e o que você espera do outro. Você é magnífica e merece nada menos do que a magnitude da vida e do outro. Faça da sua vida uma obra, construa a sua magnitude interna e transborde-a para o mundo ao seu redor.

Lembre-se de que seu cérebro é uma potência e que ele é o responsável por emitir a frequência que atrairá tudo ao seu redor. Assim, aquilo que você atrai para a sua vida amorosa é você mesma quem escolhe. E, se não souber como curar comportamentos infantis e repetitivos, não conseguirá sair de círculos viciosos para encontrar a felicidade que tanto busca. A voz do amor é a cura interior e o caminho para construir seu sonho de ter um relacionamento saudável e de formar uma família feliz.

Você é o amor em sua essência divina, você é perfeita em sua individualidade. Agora você já tem todas as ferramentas para resgatar o amor-próprio e se posicionar de maneira individualizada e confiante. Tudo pronto para viver o amor em abundância.

Imagine que o amor de Deus em nós é como a nascente de um rio e que ele transborda esse amor sobre nós como uma cachoeira. Consequentemente, nós também transbordamos esse amor com a mesma intensidade. Confiar na nossa essência, na nossa alma, na nossa intuição é voltar a nos conectar com essa cachoeira divina e que é nossa fonte interna de amor.

Um rio, quando transborda e deságua no oceano, acaba se tornando o próprio oceano. Por isso, quando você se permite estar conectado com o amor e a graça divina que existe em você, toda essa abundância também se manifesta na sua vida. Assim é o rio da vida e assim é o amor.

CONCLUSÃO

Quero que este livro seja o chamado para que você possa curar a si mesma não só para salvar a sua relação, mas principalmente para que você possa se salvar e aprender a cultivar relações mais felizes e saudáveis. Antes de estar em uma relação, você precisa buscar a própria independência emocional para não abdicar dela quando decidir se fundir com outro alguém. Você vai se unir ao outro, mas não vai esquecer que o amor começa e termina em você.

Um relacionamento equilibrado se baseia na coerência, e esse é o ponto principal. É preciso que exista coerência entre o ser e o ter e harmonia entre as nossas energias femininas e masculinas. Quando buscamos por esse equilíbrio, chegamos à única conclusão possível: a de que a saída é para dentro. Nossa potência está em nosso interior, e é nele que está o caminho para que a gente saia da dor e chegue no amor.

Quando insistimos em agir de maneira automática, sem estarmos verdadeiramente conectados com nosso interior, todas as nossas relações amorosas acabam sendo rasas e sem significado. A partir do momento em que a gente começa a olhar para dentro, a se curar e a se conectar com a nossa energia feminina – energia da nutrição, do carinho, do acolhimento e do amor –, tudo se alinha para que nossas relações se tornem mais plenas e abundantes. Assim, toda a dor e o desamor que a gente vive ficam para trás e passam a ser lembrados apenas como indicativos do que antes era um desequilíbrio interno.

É a partir do momento em que a gente volta para o nosso interior e dá um passo para trás – faz os sete passos anteriores, se reconecta – que fortalecemos quem somos. É a partir desse ponto que viramos pessoas coerentes, presentes e inteiras. Assim, em vez de entrarmos em relacionamentos para competir, por sombras, por brigas, por necessidade de valor, pelas fraquezas do nosso ego e sem empatia, entramos nas relações completas.

A energia feminina que carregamos na alma vem do amor e, portanto, o amor é a nossa essência. Não é à toa que sentimos constantemente essa necessidade de afeto, carinho e nutrição, afinal, o amor é parte da nossa alma. Assim como você dá importância para o agir (energia masculina) para conquistar tudo o que quer na vida, deveria fazer o mesmo com os afetos (energia feminina). Afinal, quando falamos de amor, vale lembrar que não se trata apenas de se sentir amada. É preciso amar também. Dar amor.

Um dos diferenciais que fiz questão de trazer neste livro é justamente a harmonia entre ciência e espiritualidade. Durante muito tempo, vimos a ciência insistir que a existência de Deus não podia ser comprovada, mas hoje percebemos que é impossível viver uma vida plena e abundante se não estivermos fortalecidos no nosso ser e na nossa força interior que se manifesta a partir da alma. Nossa alma é uma força divina e uma centelha de Deus. Não é palpável; é sutil, invisível e espiritual, e é a partir dela que transbordamos amor.

Nós estamos aqui com o propósito de evoluir e nos tornarmos a abundância que tanto desejamos. Pense que a vida não é uma estrada, mas, sim, uma escada. E, a todo momento, somos chamadas para subir novos degraus. Cada degrau é um sonho e um desejo da alma, é nossa vontade de ir além.

Sempre que subimos um degrau, nos sentimos orgulhosas e realizadas com aquela conquista e já passamos a querer mais. Então,

Você vai se unir ao outro, mas não vai esquecer que o amor começa e termina em você.

@robertacalderini

quando você escolhe uma profissão, sobe um degrau; passa na faculdade, sobe outro degrau; se torna um profissional e sobe mais um degrau; e assim sucessivamente. Isso vale para tudo na vida. Portanto, conquistar progressos na vida traz sentido existencial. E isso também vale para a nossa evolução dentro dos relacionamentos, principalmente o nosso desenvolvimento e crescimento pessoal.

Tudo é frequência, e Deus coloca pessoas em nossa vida para mostrar o que está nos bloqueando. Tente perceber seus desafios a partir desse ponto de vista. Em vez de se vitimizar e dizer "por que isso está acontecendo comigo?", experimente pensar "o que eu preciso aprender a partir dessa situação?".

Às vezes, você precisará descer alguns degraus para desatar alguns nós que ficaram de antes. Lembra que expliquei que cada setênio é um acerto de contas do anterior? Voltar para a infância para se curar não é um retrocesso, é justamente aquilo que lhe trará a força e a autoconfiança para ir além. Você só precisa se curar.

Chegando ao fim deste livro, imagino que você já tenha compreendido que deve aproveitar seus incômodos como verdadeiros convites de autoconhecimento para entender o que precisa investigar em si e procurar a cura para isso. Aqui, volto a repetir uma frase que quero que você guarde para sempre: "Se a vida é uma escola, o relacionamento é a universidade".

Reencontrar sua essência, servir ao mundo a partir da sua missão interna e servir a partir do amor é um propósito comum a todos nós. Quando você nutre, é nutrido também. Quando se ama, você é amado. Quando confia, tudo dá certo. Quando você vive, a vida se manifesta. Quando você é grata, a abundância chega até você. Tudo começa de dentro para fora.

Encontrar a grandeza divina é saber que somos todos Deus manifestado. E, por mais que a gente tente fazer cada vez mais e de modo automático por conta da pressão cultural que vivemos na modernidade, isso quer dizer que menos estamos na nossa grandeza e na nossa essência divina. É claro que não devemos ficar sentadas esperando que alguns milagres aconteçam. Meu ponto aqui é que, se

CONCLUSÃO

você quer viver relações mais felizes, precisa agir a partir de agora, mas agir em conexão com sua essência.

Todos trazemos uma inteligência da nossa grandeza divina, todos somos Deus manifestado, e Ele se manifesta através de nós. O que Deus nos traz e tem para nós é muito maior do que o nosso querer. Se nós limitamos a nossa luz no excesso de razão, no excesso de ação, no automatismo, desconectados do nosso interior, perdemos a conexão com essa manifestação Dele em nós. E, para corrigir isso, precisamos aceitar essa reconexão com a nossa essência, que, eu sei, pode parecer muito abstrata e de difícil acesso.

É preciso sair do automatismo e fazer tudo com mais consciência, presença, coerência e conexão. Sair de brigas, de disputas, do ego e voltar para a sua morada, o seu coração e para quem você é. E saiba que, se você sente como se estivesse num túnel escuro sem encontrar a saída, o único caminho para a luz é continuar entrando na escuridão com a confiança divina de que as respostas estão ali. No fim desse túnel escuro está seu coração e, dentro de você, a luz que tanto procura.

Quero que você termine esta leitura sabendo ouvir a voz do amor que há em você, e não mais esperando que algo externo traga a mudança que tanto quer vivenciar em seus relacionamentos. Retorne aos sete passos para a cura interior sempre que sentir que suas energias femininas e masculinas estão em desequilíbrio e escute a voz do amor. A partir de hoje, passe a agir com amor e pratique diariamente o verbo amar. Não escute as mensagens da sua mente, escute as mensagens da sua alma. Sua mente quer agradar e tem ego; a sua alma simplesmente é e está.

Quando você aprende a fazer isso, começa a se alinhar com a graça divina e os milagres começam a acontecer na sua vida. A maioria das pessoas tem muito medo de se entregar para isso, e é preciso se desapegar do controle e confiar na sabedoria divina. Confie! Sua alma e seu coração sabem exatamente onde querem estar e, quando você respeita os seu sinais, a própria maestria do universo e dos milagres atua.

Quando você nutre, é nutrido também.
Quando se ama, você é amado.
Quando confia, tudo dá certo.
Quando você vive, a vida se manifesta.

@robertacalderini

CONCLUSÃO

    Espero que este livro seja a voz do amor na sua vida, que ele sirva como um chamado para você voltar para essa voz quantas vezes forem necessárias. E se sentir que não está na sintonia do amor, use este livro, nem que seja como livro de cabeceira, para que ele atue como uma lembrança de que a voz do amor está em você. Saia do externo, de toda a dependência do outro e de qualquer necessidade de aprovação. Silencie-se para escutar a voz do amor no seu silêncio.

    Foque sua vida no amar e deixe que Deus resolva tudo para você. O amor é a essência primordial que existe em tudo que há. Então, simplesmente ame!

Este livro foi impresso pela Gráfica Rettec
em papel lux cream 70g/m² em fevereiro de 2024.